다르지 않은 타자

사건으로 보는
중동의 정치와 사회

다르지
않은
타 자

사건으로 보는
중동의 정치와 사회

엄한진 지음

VIVE LA
ÉVOLUTION

حرية
FREEDOM

씨
아이
알

이 책은 보편적인 언어로 중동의 보편적인 면모를 보여주고자 하는 시도이다. 생경한 아랍어 표현이나 쿠란의 구절이 아니라 이주, 불평등, 소수자, 시민사회, 사회적 경제, 청년, 민주주의와 같은 익숙하고 보편적인 용어를 사용하여 그 어느 사회와도 닮아 있는 모습을 드러내준다. 전쟁과 테러리즘, 이슬람과 같이 이 지역에 관한 스테레오타입에 부합하는 소재도 다루었지만, 이 경우에도 보편적인 함의를 제시하고 과학적으로 관련 현실을 설명하고자 했다. '아랍의 봄'으로 불리는 민주화운동도 동시대 세계 여러 지역에서 전개되고 있는 민중의 투쟁이라는 글로벌한 현상의 일환으로 설명한다. 이 지역에 대한 관심을 독점하고 있는 종교 및 문화 현상이나 석유, 건설과 같이 경제적인 관심이 반영된 분야가 아니라 정치와 사회 분야에 치중한 소재 선택도 우리와 다른 면이 아니라 유사한 면을 부각시키고자 하는 필자의 의도가 반영된 것이다.

한국인들은 두바이 등 아랍 산유국의 첨단 도시들에 관심이 많은데, 이러한 중동의 초현실적인 부분에 대한 관심은 모스크나 사막과 같은 오래된 이미지와 공존한다. 이스라엘에 대해서도 최근에는 제노사이드를 저지르는 부정적인 면에 대한 비판이 있긴 하지만 통상 성지순례의 대상이나 배울 점이 많은 나라 등 긍정적인 이미지가 강했다. 이렇듯 이미 중동의 다양한 측면에 관심을 가지는 것처럼 보이지만 문제는 평범하지 않은 면모에 치중한다는 점이다. 너무 자본주의적이거나 너무 전통적이며, 너무 종교적이거나 너무 폭력적이다. '아랍의 봄'이 이러한 특별한 중동에 보편적인 이미지를 더하긴 했지만 아직은 역부족이다. 무슬림형제단이나 엔나흐다 같은 낯선 이름의 이슬람 정치세력이 집권을 하거나 IS, 시리아 난민과 같은 극단적인 현상이 중동 뉴스를 장식하면서 이미지 쇄신에 실패한 것이다. 건재를 과시하는 전통적인 중동 담론은 다시 이슬람이 어떤 종교인지, 아랍사회는 어떤 특성이 있는지와 같은 원초적인 구석으로 시선을 몰아간다. 외부 세계에 중동은 상당히 오래전부터 다른 길을 걸어온, 그래서 동일한 미래를 꿈꾸기는 어려워 보이는, 타자의 전형으로 남아있다.

하지만 다른 시각에서 보면 중동사회 역시 최근 한국사회를 장악하고 있는 인구담론, 소수자 문제, 양극화, 청년실업, 이전투구의 모습을 보이는 정치권, 새로운 사회운동, 젠더 갈등, 외국인 혐오와 같은 이슈들에서 크게 벗어나 있지 않다. 이 책에서 찾을 수 있는 '다르지 않은 중동', '우리와 닮은 중동', '보편적인 중동', '보편적인 이란'과 같은 표현에는 이러한 보편적 경향이 반영되어 있다. 여기에 실린 글들은 몇 년 되지 않은 것이지만 "다르지 않은 타자"라는 책의 제목은 중동을 바라보는 필자의 시각에 오래전부터 새겨진 것이다. 지난 20년간 이주, 중동 및 북아프리카 분야의 글을 쓰면서 필자는 항상 세계의 다른 지역이 우리와 공유할 수 있는 점을 부각시키고자 했다. 그리고 그 의미가 쉽게 전달되지는 않을 것 같은 이 책의 제목이 의미하는 바는 타자의 대명사라고 할 수 있는 중동, 이슬람, 아랍 세계가 우리나 세계의 다른 지역과 생각보다 크게 다르지 않다는 것이다.

중동의 경험은 한국에 보편적인 시사점을 주기도 한다. 이 책에서 다루는 중동사회의 어두운 면모는 정도의 차이는 있겠지만 한국 역시 겪고 있고 앞으로 겪을 수 있는 것이다. 전쟁이 쉽게 일어나고 강대국이 전쟁을 유발하기도 한다는 사실이 이 지역만의 예외적인 현실이 아니며, 고물가에 신음하는 민중이나 성소수자나 이주민에 대한 적대 역시 우리가 그들과 질적으로 다르다고 말하기 어렵다.

이 책에서 중동의 보편적인 면모는 사건을 통해 드러난다. 24개의 글 모두 중동의 현실을 잘 보여주는 사건으로 이야기를 시작한다. 사건을 소개하고 그 사건이 상징적으로 보여주는 사회 현상을 다루며, 그 현상과 연관된 역사나 이론이 덧붙여진다. 이 책은 2018년부터 최근까지 민중언론 '참세상'에서 발행한 월간 『워커스』에 실렸던 글들을 기반으로 준비되었다. 약간의 수정을 거쳐 주제가 유사한 글들끼리 묶었고 여기에 두 개의 글(「예외적인 중동 vs. 보편적인 중동」, 「코로나19 팬데믹과 소수자」)을 덧붙였다.

서론 격인 I장, 정치군사적인 상황의 배경이 되는 사회 현실을 다룬 II장과 III장, 전쟁과 혁명을 다룬 IV, V, VI장으로 구성하였다. 시간 순서로 구성하지 않고 주제별로 묶었지만 아랍의 봄과 그 이후의 상황을 다룬 V장과 VI장은 자연스럽게 시간적인 흐름이 반영되었다. 팔레스타인이 거의 다루어지지 않은 것은 글이 실렸던 월간지에서 중동 중 이 지역만은 국내 팔레스타인 지원단체가 전담했기 때문이며, 이란과 튀니지가 많이 다루어진 것은 글을 실었던 시기에 이란-미국 갈등이나 히잡 문제, 그리고 '아랍의 봄'이 낳은 체제의 운명이 국제사회의 관심을 끌었기 때문이다.

끝으로 『워커스』에 글을 실을 기회를 준 '참세상'과 정은희, 박다솔 기자에게 감사드린다. 글을 검토해준 처 유은경과 표지 그림을 그려준 딸 혜원에게도 고마움을 전한다. 이 정도나마 책이 만들어질 수 있었던 것은 녹록지 않은 출판 환경에도 출간할 기회를 준 도서출판 씨아이알과 편집 과정에서 저자의 입장을 잘 헤아려준 신은미 팀장 덕분이다. 이 책이 중동, 아랍, 이슬람 등의 이름으로 불리는 지역에 대한 과학적이고 균형잡힌 이해에 일조할 수 있기를 소망한다.

차례

중동, 타자의 전형

●

예외적인 중동
vs. 보편적인 중동

1

익숙한 소식

2023년 10월 7일 가자 지구를 통치하고 있는 팔레스타인 무장세력 하마스가 감행한 이스라엘 공격으로 촉발된 팔레스타인과 이스라엘의 전쟁은 이스라엘이 과거에 자신들이 당했던 방식 그대로 팔레스타인인들을 절멸하는 '최후의 해결책'을 쓰지나 않을까 하는 걱정을 낳았다. 사법부 권한을 축소시키는 개혁안에 대한 반대, 리쿠드나 샤스 등 극우 정당 인사들로 채워진 내각에 대한 부정적 여론 등 베냐민 네타냐후Benjamin Netanyahu 총리가 극심한 정치적 위기에 직면해 있다는 점이 이스라엘의 보복공격이 어떤 양상을 띠게 될까 더욱 우려하게 만들었다. "아랍인들이 사라지면 테러는 사라진다." 하마스의 땅굴에 바닷물을 퍼붓는 엽기적인 작전은 이러한 극단적

가자 지구의 건물 잔해 더미 위에 서 있는 두 명의 어린아이들

2015년 11월 15일 파리 레퓌블릭 광장에서 당시 파리 테러 희생자들을 추모하는 시민들(Mstyslav Chernov, CC BY-SA 4.0)[1]

인 사고가 현실화되고 있음을 보여준다. 실제 개전 3개월이 지난 지금 가자 지구는 사람이 살 수 없는 땅이 되었고, 이스라엘군은 하마스가 궤멸되었다는 평가를 내놓고 있다. 우리는 지금 나치즘을 정점으로 하는 대량이주 및 제노사이드의 또 하나의 역사적인 사례를 목도하고 있다.

하마스의 이스라엘 공격이 있고 난 후 얼마 지나지 않은 10월 중순 유럽에서는 소위 '이슬람 테러리즘'으로 간주되는 두 개의 사건이 발생했다. 먼저 팔레스타인에서 지중해 건너 북서쪽에 위치한 프랑스에서 이슬람주의와 연관된 테러가 일어났다. 프랑스 아라스 지역의 한 고등학교 불어 교사인 도미니크 베르나르가 살해당했는데, 살해범 모하메드 모규슈코프는 이 학교 졸업생으로 프랑스 정보당국이 요주의 인물로 분류해 감시해온 인물이었다. 범행 바로 전날에도 정보당국이 소환해 무기 소지 여부를 조사하

I 중동, 타자의 전형

기도 했다. 아라스에서 테러가 발생한 지 3일 후 벨기에 수도 브뤼셀에서도 튀니지 국적 45세 남성의 총기 난사로 2명이 목숨을 잃는 사건이 발생했다. 현장에서 사살된 범인은 자신을 IS 조직원이라고 말했다고 한다.

위의 사건들은 반세기 동안 중동 및 이슬람에 부여된 이미지에 잘 부합한다. 분쟁지역이라는 인식, 그리고 이슬람에 내재된 폭력과 같은 고전적인 표상이 유효함을 다시금 확인시켜 주었다.

① '아랍의 봄'과 독재자의 몰락, ② 시리아 전쟁과 난민 위기, ③ 예멘 전쟁과 그것이 낳은 최악의 인도주의적 위기, ④ 걸프만 국가들이 이란과 연결된 것으로 의심받은 카타르에 가한 봉쇄조치, ⑤ 팔레스타인의 불법점령지역에서 진행되어온 이스라엘의 정착촌 건설에 대해 미국, 영국, 브라질 등 일부 국가들이 인정하는 분위기 형성, ⑥ 도널드 트럼프 미국 대통령의 이란 핵협정 탈퇴 선언, ⑦ 2016년 7월 튀르키예에서 발생한 쿠데타, ⑧ 가자 지구에 대한 이스라엘의 봉쇄정책과 폭력 심화, ⑨ 사우디아라비아 왕세자 모하메드 빈살만의 무상, ⑩ IS의 부상과 몰락

위는 아랍 전문 언론 『The New Arab』이 선정한 2010년대 중동 정치에 큰 영향을 미친 10개의 사건들이다.[2] 정치 분야 위주의 선정이라는 점을 고려해야 하겠지만 외부세계에 전해졌던 중동 지역의 대표적인 사건들이기도 하다. 이 지역이 전쟁, 테러리즘과 같은 폭력이 주도하는 세계라는 기존 인식이 틀리지 않았음을 보여준다. 중동 지역을 묘사하는 보다 전문적인 레퍼토리들도 있다. 거리의 정치, 극단주의, 이슬람, 퇴행성, 석유, 종족분쟁, 시아파 대 수니파, 불가능한 민주주의, 아랍 권위주의, 발전의 불가능성.

그리고 이러한 외부세계의 인식은 견고하게 유지된다. 여론조사 전문

기관인 Pew Research Center가 실시한 몇 가지 조사에 따르면, 중동 지역도 이제 인류의 보편적인 길로 진입한다는 인상을 심어준 '아랍의 봄'[3]이 견인한 10여 년간의 정치적 격변에도 중동 지역에 대한 미국인들의 인식은 크게 변하지 않은 것으로 나타났다.[4] 이스라엘-팔레스타인 분쟁에 대해서는 이스라엘을 지지하는 이들의 비율과 팔레스타인인들을 지지하는 이들의 비율이 각각 48%, 11%로 나타나 확연한 친이스라엘 정서를 보여주고 있다. 이러한 양상은 최근 몇 년간 큰 변화가 없었다고 한다. 미국 대외정책의 목표에 대해서는, 미국인들의 일자리를 지키는 것과 테러리즘의 위협으로부터 미국을 보호하는 것이 각각 84%, 81%로 다른 항목보다 월등히 높은 비율을 보였다. 그리고 이 항목에 대한 답변 역시 시간의 흐름에서 빗겨난 듯 변화가 없었다.

타자성의 상징

중동, 아랍, 이슬람은 타자성을 상징하는 대표적인 사례일 것이다. 일국 차원에서는 국제이주민이 대표적인 타자이겠지만 지구 차원에서는 이들이 가장 이질적인 존재로 여겨진다. 세 가지 용어를 나열해서 정확히 무엇을 지칭하는지 명확하지 않지만, 이 모호한 대상에 대해 우리가 가지고 있는 이미지는 선명하다. 특별, 신비, 야만, 폭력, 사악과 같은 단어들이 떠오르며 세계의 다른 지역과는 질적으로 다르다는 생각을 하게 된다.

'아랍예외주의'나 '이슬람예외주의'와 같은 개념이 질적 차이가 확연함을 표현해주고 있다. 이러한 개념이 함축하는 주요 내용은 다음과 같다. 유목생활을 하던 베두인족의 전통을 이어받은 아랍사회는 부족 차원의 연대가 강해 민족 단위의 국가를 유지하기 어렵다. 아랍사회와 이슬람세계는 일상생활이나 정치에 권위적인 문화가 강해서 개인의 권리 보장이나 민주주의가 불가능하다. 종교와 정치가 통합되어 있는 제정일치 사회여서 세속적인 정치·경제·사회·문화가 발전하기 어렵다. 결국 이 개념들을 통해 하고자 하는 말은 이 지역에서 민족, 민주, 진보의 길은 실현불가능하다는 것이다.

이러한 관점에 입각해 아랍 세계는 전쟁과 테러의 대표적인 공간이면서 민주화, 산업화 등 일반적인 사회변동이 적용되지 않는 예외적인 세계로 간주되어 왔다. 이슬람, 석유와 지대경제, 외세의 무게, 아랍 정치문화 등 다양한 요인이 이러한 예외성을 설명하기 위해 동원되었다. 그런데 흥미롭게도 예외주의에서 상정하는 아랍 또는 이슬람 사회에 대한 이미지는 서구에 의해 만들어진 측면이 강하다. 19세기 프랑스 학자인 에르네스트 르낭Ernest Renan은 아랍이이 둔하 영혼과 치유될 수 없는 나약함의 소유자라는 인종주의적 견해를 제기한 바 있다.

자신의 오른편에 위치한 '오리엔트' 지역에 대한 서구인들의 견해를 담고 있는 오리엔탈리즘은 아랍 등 오리엔트 사회가 정체를 경험한 원인은 내부에 있고 그에 대한 치유는 외부로부터만 가능하다는 인식을 담고 있다. 이성적, 평화적, 문명적, 능동적, 남성적인 서구 대 감성적, 폭력적, 야만적, 수동적, 여성적인 오리엔트와 같은 이분법적 사고가 20세기로 이어졌고, 대표적인 튀르키예 전문가 버나드 루이스의 '이슬람 유전자Islamic gene' 론이나 미국 정치학자 새뮤얼 헌팅턴의 문명충돌론과 같은 꽃을 피우게 된다. 유럽인(아리안족)과 아랍인(셈족)은 나른 인종이다는 근대 초기의 사고,

그리고 이러한 위계적 인식의 필연적 산물인 아랍 및 이슬람에 대한 혐오증은 '이슬람의 위협green menace' 담론을 거쳐 심각한 수준의 '이슬람혐오증'으로 부활하였다.

예외적인, 그러나 이해할 수 있는 현실

예외적이라는 인식은 과장된 것이지만 완전한 허구인 것만은 아니다. 예외적인 현실이 반영된 것이기도 하다. 이란, 사우디아라비아와 같은 신정국가나 극단적인 이슬람주의자들의 존재는 중동이 일반적인 사회와 다르다는 생각을 갖게 한다. 이번에 가자 지구에 대한 이스라엘의 공격이 보여준 상상을 초월한 잔혹성은 중동 지역이 '전쟁의 땅'이라는 사실을 환기시킴과 동시에 이 지역의 폭력이 다른 지역과는 구분되는 특별함을 지니고 있다는 인상을 심어준다. 이미 4백만 명 이상의 난민을 낳은 시리아 내전이나 IS의 극단주의를 접한 상태라서 더욱 그렇게 느껴진다.

실제로 정치, 경제, 사회 등 모든 면에서 중동 국가들이 정체 상황을 면치 못하고 있기도 하다. '아랍의 봄'과 같은 민주화운동의 성과가 기대에 미치지 못하고, 변화를 가로막는 기득권 세력의 힘이 강고한 현실도 예외주의를 지속시키는 데 한몫한나. 이 책 2부에서 '중동의 아프리카화'라고 표현한 대량난민, 인종청소, 노예제 부활, 기아 사태, 그리고 이러한 상황을 초래한 '실패한 국가failed state'와 같은 극단적인 양상이 이 지역이 특별하다는 인식을 뒷받침해준다. 열등한 문명에서 야만으로, 가장 가까운 타자에서 가장 이질적이고 적대적인 존재로, 새로운 흑인 또는 열등한 인종으로,

구호의 대상으로의 추락이 시대착오적인 관념에 생명을 불어넣는다.

그래도 이러한 예외성을 초래한 요인으로 눈을 돌리면 전통으로의 회귀나 극단주의는 이해할 수 있는 것이 된다. 1980년대부터 알제리, 튀니지, 모로코 등 북아프리카에서 유독 강력하게 전개되었던 이슬람주의 열풍은 발전을 동반하지 못한 서구화, 프랑스의 정치군사적 개입에 대한 반발 등으로 설명될 수 있다. 이집트, 요르단, 레바논, 예멘 등 중동에 위치한 아랍 국가의 이슬람주의 역시 발전, 자주, 통합의 실패라는 구조적인 요인에서 그 기원을 찾을 수 있다. 제국주의에 의해 인위적으로 만들어져 통합이 어려운 아랍 국가, '봉합하기 어려운 부서진 뼛조각'처럼 쪼개진 중동, '누더기 patchwork'가 된 리비아처럼 복합적인 갈등에 직면해있고 해결도 난망한 이 지역의 현실이 새로운 오리엔탈리즘을 유지시키는 땔감으로 작용하고 있는 것이다.

특수와 보편의 결합

가벼운 반박으로 중동에 대한 인식 교정을 시도해본다. "조국의 아들, 딸들이여, 영광의 날이 도래했다." 프랑스대혁명 기념일인 7월 14일 아침 주민들은 프랑스혁명의 노래 '라 마르세이유'가 울려 퍼지는 라디오 소리에 잠을 깼다. 거리에서는 사람들이 "공화국 만세, 왕을 처단하라!"고 외쳤다. 이들은 국왕과 그의 가족 일부가 이미 처형되었음을 몰랐다. 이것은 1789년 프랑스 파리가 아니라 1958년 이라크 혁명이 일어난 바그다드의 모습이다. 그리고 반세기 후에 '아랍의 봄'이 혁명의 전통을 환기시켜주었다. 중동에게 2010년대는 혁명의 시간이었다. 그리고 '아랍의 봄'으로 불린 이 혁명은 긴 목록을 자랑하는 20세기 중동 지역 혁명사의 대를 이었다.

또 하나 잊지 말아야 할 것은 이 지역이 근대를 이끈 유럽 국가들과의 지리적 인접성으로 인해 세계 어느 지역보다 조숙한 서구화를 경험한 곳이라는 점이다. 19세기 중엽부터 시작된 탄지마트(오스만 제국의 개혁), 나흐다(아랍부흥운동)와 같은 사례가 보여주듯, 서구의 위협에 대한 대응과 서구 따라잡기 분야의 선두주자였던 것이다. 중동은 지리적, 역사적, 문화적으로 서구와 가장 가까운, 가장 많이 닮은 비서구일 것이다. 이슬람이 일반적 인식과 달리 사막의 종교보다 도시의 종교, 유목민의 종교보다 정주민의 종교였다는 점도 이슬람이 퇴행적인 종교라는 인식이 섣부른 것임을 보여준다.

사회가 특수와 보편의 결합이라는 일반적인 사실은 중동 지역에도 적용되어야 한다. 현재 중동은 국가별로 양상이 다르긴 해도 대체로 세속주의 대 이슬람주의가 경합하는 양상을 띠고 있다. 대표적인 아랍 세계 연구자인 뷔르한 갈리운Burhan Ghalyoun은 아랍 세계 담론을 다음 세 가지로 유형화한 바 있다. 첫째, 외부세계의 관심을 독점해온 이슬람주의 담론, 둘째, 세속적이고 테크노크라트적인 국가의 담론, 셋째, 느슨하게 결합되어 있는 '세속주의 진영'의 담론. 이러한 이념 지형은 아랍의 봄 이후에도 유사한 모습으로 재현되었다. 세속주의를 표방하는 권위주의적인 구체제와 이슬람주의로 불리는 종교적 반동세력, 그리고 세속적인 민주세력이 경합하는 삼각 구도[5]가 혁명 이후의 정치판을 만들어가고 있는 것이다. 이후의 장들에서 다룰 다양한 주제들이 중동 지역에 관철되어 있는 특수 속의 보편을 드러내줄 것이다.

2 종교·종족에 가려진 중동의 성소수자와 이주민

"이집트는 사라 헤가지를 저버렸다"

2020년 6월 성소수자 운동 활동가 사라 헤가지Sarah Hegazi가 30살의 나이로 망명지 캐나다에서 스스로 목숨을 끊었다. 그는 2017년 9월 22일 카이로에서 열린 레바논 출신 인디밴드의 콘서트에서 성소수자를 상징하는 무지개 깃발을 들었던 사람들 중 하나였다. 이 사건으로 투옥된 그는 석방 후 "성적 일탈을 부추긴다"는 비난에 시달리다 이집트를 떠났다. 2018년 그가 블로그에 발표한 글에 따르면 3개월의 구금 기간 중 전기고문이나 심리적인 고문을 당했다고 했다.[2]

이집트에서 동성애는 그 자체가 불법인 것은 아니지만 성매매방지법을 근거로 처벌될 수 있다. 그리고 아랍의 봄 혁명세력을 누르고 집권한 군부

요르단 수도 암만에 있는 사라 헤가지의 벽화. 까만 페인트로 지워지기 이전과 이후의 모습(Raya Sharbain, CC0 1.0)[1]

출신 엘 시시Abdel Fattah el-Sisi 정권에서 성소수자의 상황은 더 나빠졌다는 평가를 받고 있다. 이집트 인권단체에 따르면 2019년 한 해 동안 92명의 성소수자가 체포됐다. SNS에 헤가지의 사진이 올라왔을 때 처음에는 성소수자의 자부심을 표현하는 것으로 환호를 받았다. 그러나 곧 대중의 히스테리 현상이 이어졌고 혐오발언과 그를 체포해야 한다는 요구가 거세졌다. 그런 뒤 정부는 헤가지 등 성소수자들을 투옥했다. 캐나다로 망명하고 2년이 지난 후 헤가지는 다음과 같은 용서의 말들을 남기고 목숨을 끊었다.

"형제자매들에게, 나는 이곳에서 구원을 받고 싶었지만 실패했어. 나를 용서해줘. 내 친구들에게, 여행은 잔인했고 그것을 견디기에는 내가 너무 약해. 나를 용서해줘. 세상에게, 당신은 무서울 정도로 잔인했어. 그러나 용서할게."[3]

종교와 종족 중심의 소수자 논의

중동의 소수자 이슈는, 종교적, 종족적 소수자 문제가 압도적으로 많다. 이 와 함께 여성 이슈가 늘 이슬람과 연관지어 강조된다. 이러한 논의 구도는 제국주의 시대부터 이어져온 서구의 지배전략이 반영된 것이다. 즉 종족이 나 종파의 문제는 아랍·이슬람사회가 지닌 통합의 한계를 입증하는 수단 으로 활용돼 왔다. 또 기독교 소수집단의 문제는 이들을 보호해야 한다는 개입의 명분으로, 여성의 열악한 지위는 이슬람사회를 비하하는 목적으로 이용됐다.

이는 물론 종교와 종족의 다양성이 크고 소수집단이 차별받는 이 지역 의 현실을 반영하는 것이기도 하다. 중동 인구의 대부분은 수니파와 시아 파에 속하며 대부분의 나라들에서 아랍인들이 주류를 형성하고 있다. 그리 고 이들과 함께 종교적인 소수집단으로 콥트교, 그리스 정교, 그리스 가톨 릭, 마론파, 라틴족 개신교 등 기독교 교파, 그리고 알라위, 드루즈 등 이슬 람의 소수집단이 있다. 종교보다 더 다양성이 심한 종족적 소수집단에는 쿠르드인, 체르케스인, 투르크멘인 등 비아랍 수니파, 그리고 유대인, 아르 메니아인, 아시리아인, 남수단의 기독교도와 애니미즘 신자와 같이 비아랍 이자 비이슬람에 해당하는 집단 등이 있다.[4]

한편 여성의 경우 사회적인 측면에서 차별과 제약이 심하며, 여성의 고 용률은 세계 어느 지역보다도 낮다. 이러한 중동 지역의 특수성 때문에 여 성은 소수자, 차별, 증오에 관한 논의에서 큰 비중을 차지했다. 최근에는 2017~2019년 이란에서 진행된 히잡 착용 의무화 반대시위가 주목을 받았 다. '엔 할라브가의 소녀'로 알려진 이란 여성 비다 모바헤드^{Vida Movahed}가

시위현장에서 히잡을 막대기에 묶어 깃발처럼 흔들었고, 이 행위로 체포된 것이 발단이 됐다. 문제는 이러한 논의 구도가 일반적으로 소수자 논의에서 중요한 비중을 차지하는 성소수자, 이주민 문제를 은폐하는 결과를 낳고 있다는 점이다.

은폐된 소수자들

중동에 관한 논의에서 성소수자와 이주민은 상대적으로 소홀히 다루어지고 있지만, 다른 지역처럼 성소수자들이 존재하고 이들에 대한 혐오 현상도 심각하다. 또한 중동은 석유가 중요한 자원이 된 1960년대 이후부터 유럽과 미국 못지않게 많은 이주민이 유입된 지역이기도 하다.

먼저 성소수자들이 처한 현실을 살펴보자. 중동 지역은 근대 초까지만 해도 유럽에 비해 동성애에 대한 제약이 적었던 것으로 알려져 있다. 그러나 현재를 보면 절반 정도의 중동 국가에서 동성애가 불법이며, 심지어 이란, 이라크, 사우디아라비아, 카타르, 아랍에미리트연합에서는 사형에 처해질 수도 있다. 종교에 따른 차이도 찾기 힘들다. 동성애에 대해서는 공히 명확한 반대 입장을 표명하고 있다. 일반인의 인식도 크게 다르지 않다. 가족 구성원 중 동성애자가 있을 경우 명예살인을 통해 가족의 명예를 지키고자 한다. 2019년 2월 21세의 알제리 의대생이 증오범죄로 추정되는 범행으로 살해되는 사건이 있었다. 그가 사망한 채 발견된 기숙사 벽에는 그의 피로 쓰인 "그는 게이다"라는 문구가 적혀 있었다. 예상할 수 있듯이 정부나 언론은 사건에 대해 미온적인 태도를 보였다.

I 중동, 타자의 전형

이스라엘은 동성애에 대한 인정에 있어서 주변 아랍국들에 비해서는 상대적으로 개방적인 면모를 보여 왔다. 예를 들어 동성커플의 동거나 성전환이 허용되고 있으며 아직 합법화되지는 않았지만 동성결혼을 인정해야 한다는 여론도 일부 존재한다. 그런데 이스라엘의 이 같은 친성소수자 정책은 대내외적인 억압정책을 은폐하는 정치 전략으로서의 '핑크워싱pinkwashing'이라는 비판을 받는다. 최근에도 아랍계 이스라엘인이자, 참깨 소스 '타히니' 제조업체 알 아르즈Al Arz의 소유주 쥴리아 자헤르Julia Zaher가 시온주의 이스라엘 성소수자 단체에 기부해 논란이 됐다. 팔레스타인계 성소수자 단체들은 알 아르즈에 기부 철회를 요청했지만 거절당했다. 알 아르즈는 시온주의 성소수자 단체에는 기부했으면서도 팔레스타인 성소수자 단체에 대한 기부는 거부해 이 회사가 시온주의 편에서 핑크워싱에 일조했다는 목소리가 더 컸던 것이다.

이주민 문제 역시 중동의 보이지 않는 그늘 중 하나다. 중동과 북아프리카는 노동이주를 많이 떠나는 지역이자 많이 받아들이는 나라이기도 하다. 걸프만 산유국들이 아시아 출신 이주노동자를 많이 받아들이고 있다면, 떠나는 이주민의 경우에는 주로 북아프리카인들이 유럽으로 떠난다.

중동 지역의 이주민은 크게 노동이주민과 난민으로 구성된다. 걸프만 산유국의 경우 이주민의 비중이 인구의 절반 이상을 차지하며, 이들이 이 지역의 자본주의를 지탱하고 있다. 반면 전체 인구의 30~40%가 이주민인 요르단, 시리아, 레바논의 경우에는 난민과 그 후손들이 주를 이룬다. 그런가 하면 튀르키예나 이란과 같이 전통적으로 이주민의 비율이 낮은 나라들도 있다. 물론 튀르키예는 시리아 내전의 여파로 난민이 많이 들어오면서 이주민의 비율이 크게 늘었다. 대부분의 이주노동자는 건설, 가사노동, 소매업 등 민간부문에 종사하며, 임금이 낮고 열악한 조건에서 일한다. 이들은 '카팔라'로 불리는 후견인 제도로 인해 고용주 개인에게 철저히 예속돼 다른 사업장으로 옮기기가 어렵다. 심지어 해당 국가를 떠나고자 할 때도 고용주의 허가를 받아야 할 정도다.

중동 지역 이주민들이 흔히 겪는 추방조치는 불황기 대응 방안으로 활용되기도 한다. 알제리에서는 매년 수천 명의 사하라 이남 출신 이주민들이 강제 추방을 당하고 있다. 2014년 1,340명에서 2017년 9,300명으로 늘어났고 가장 상황이 좋지 않았던 2018년에는 2만 6천 명이 추방됐다. 이들 중 40% 정도가 사하라 사막에 버려졌다고 한다. "우리는 버스에 실렸고 음식이 제공되지 않고 머리에 총구가 겨누어진 상태로 사하라 사막에서 30km를 걸은 후 짐짝처럼 트럭에 실려 (알제리에 인접한) 니제르 북부 도시 아가데즈에 도착했어요." 말리, 감비아, 기니, 아이보리코스트 등 다양한 국적의 사람들이 이런 식으로 추방됐다.[5]

코로나19 시대의 버려진 소수자

소수자가 특히 재난 상황에 취약하다는 점을 입증하듯, 이번 코로나19 사태에서도 배제와 추방에 처한 국내외 소수자들의 뉴스를 자주 접하게 됐다. 재난으로 인한 불안감과 피해로 다른 집단을 배려하는 것이 더 어려워지고, 심지어 재난을 소수자의 탓으로 돌리기도 한다. 팬데믹으로 중동 지역 난민과 이주노동자들이 겪는 어려움은 한국에서도 유사한 사례가 있기 때문에 충분히 예상할 수 있다. 걸프만 산유국들은 이주노동자의 해고와 추방이라는 고전적인 방법을 다시 사용했고, 방역대책이 초래한 사회적 고립 현상이 일반 국민보다 난민이나 이주민에게 더 심각하게 나타났다.

원유 생산이 감소하고 자국민 취업 확대를 위해 외국인에게 세금을 부과하는 등의 조치가 시행되면서, 이미 코로나19 사태 이전에 2백만 명 정도의 외국인 노동자들이 중동 산유국을 떠났다. 세계은행은 팬데믹이 시작된 2020년, 중동과 북아프리카에서 일하는 이주노동자들이 자국으로 보내는 송금이 20% 정도 줄어들 것으로 예상했다.[6] 외국인 노동자들이 전체 주민의 70%를 차지하는 쿠웨이트에서는 코로나19 사태로 외국인에 대한 반감이 커졌다. 우리도 힘든데 왜 외국인을 도와줘야 하냐는 반발이었다. 특히 조건이 좋은 공공부문 일자리를 놓고 쿠웨이트인들과 경쟁하고 있는 이집트인들에 대한 반감이 심하다. 코로나19 사태로 정부가 공공부문 일자리를 축소하고 있는 것이 이러한 감정을 더욱 고조시키고 있다. 이러한 상황에서 쿠웨이트 정부는 이주노동자의 일자리 또한 축소하겠다고 발표했다. 16만 명의 외국인 노동자를 점차 쿠웨이트인으로 대체하고 12만 명의 비등록 이주노동자와 15만 명의 미숙련노동자 등 37만 명을 해고한다는 내용이었다.[7]

성소수자들 역시 코로나19에 따른 고립과 격리로 어려움을 겪고 있다. 이동제한 조치로 가족과 생활하는 시간이 많아짐에 따라 동성애를 반대하는 가족들로부터 시달림을 받게 된 것이다. 에이즈 환자의 경우 집에서 나올 수 없고 이 때문에 치료 공백이 생겨 더욱 위험한 상황이다.

우리와 닮은 중동

보편적인 중동의 모습에 조금 더 관심을 가질 필요가 있다, 중동의 소수자 상황은 다른 지역에서와 크게 다르지 않다. 유사한 편견, 유사한 차별과 폭력 그리고 유사한 사건들이 일어나고 있다. 우리와 닮은, 비교 가능한 점에 주목하게 되면 이질적으로만 보였던 중동사회와의 교류의 채널이 형성될 수 있을 것이다. 중동에서도 다양한 소수자 인권에 대한 관심이 커지고 있지만, 한편으로는 아랍의 봄 이후 사회가 더 파편화됨에 따라 보다 통일적이고 동질적인 사회에 대한 갈망이 커지고 있기도 하다. 그로 인해 소수자 논의도 개인의 권리보다 집단 간 관계를 중시하는 기존 경향이 지속될 가능성이 높다. 소수집단의 권리 신장 및 통합의 방안으로는 오스만 제국 시절에 적용됐던 밀레트 제도[8]의 미덕이 자주 언급된다. 소수집단의 정치적, 문화적 자율성을 존중하는 것이다. 이제 성소수자나 이주민에게도 이 미덕이 적용돼야 할 때가 됐다. 새로운 공존의 기제는 아래로부터 만들어진, 자유를 외쳤던 아랍의 봄의 동력과 연관지어 모색될 수 있을 것이다.

3

코로나19 사태를 바라보는
탁한 시선[1]

은유로서의 질병관리

수전 손택Susan Sontag은 '은유로서의 질병'이라는 표현을 제시한 바 있다.[2] 질병에 관한 용어와 담론이 질병 자체만이 아닌 별개의 어떤 의미를 내포한다는 것을 나타내는 표현이다. 예를 들어, 에이즈에 결부된 '역병'이라는 은유는 에이즈를 도덕적 타락에 대한 천벌로 받아들이게 만든다는 것이다. 그러면서 질병은 그저 치료해야 할 그 무엇일 뿐이라고 얘기한다.

그의 시각을 적용해보면, 외부 세계는 팬데믹 초기에 상황이 심각했던 이란의 코로나19 확산과 정부의 대응을 그 자체로만 바라보지 않았다. 그들에게 이 사태는 코로나19와는 무관한 어떤 다른 것의 표현이었다. 그들이 케케묵은 해석의 레퍼토리에서 끄내든 것은 정권과 국민 간의 소통 부

국기 디자인의 마스크를 쓴 이란 여성

재, 거짓말만 하는 무책임한 정권, 그 배경에 있는 시대착오적인 신정체제 등이었다. 이런 식으로 코로나19가 아니라 이란 체제가 문제이며, 코로나19에 대한 대응은 곧 이란 체제에 대한 응징으로 둔갑한다.

그 과정에서 정작 어려움에 처한 이란인들은 잊혔다. 자신들은 바이러스가 단순히 외부에서 오는 위협으로 간주하면서, 중국이나 이란에 대해서는 자체의 해묵은 문제가 체화된 것으로 여긴다. 그리고 초점은 질병과 고통에서 체제와 사회, 문화, 종교 등으로 옮겨진다. 고통에 대한 연민의 자리에 냉혹한 질책이 들어선다.

이란 코로나19에 관한 관심과 담론

코로나19 확산 초기, 이란에 대한 외부세계의 관심은 역시 감염 상황이 심각했던 중국이나 이탈리아 등과는 다소 달랐다. 이란 정권의 문제, 즉 초기 대응의 실패와 은폐 의혹, 고위급 인사들의 감염으로 인한 대응의 어려움, 그리고 보다 우호적인 입장에서 분석한 미국의 제재로 인한 대응의 어려움 등이 주된 내용이었다. 여기에 시아파의 순례 문화와 같은 종교적 요인이 감염병 확산을 설명하는 요인으로 거론됐다.

이란 정부가 보인 문제점으로는 초기에 환자 발생 사실을 숨겨 대응이 늦어졌고 주민들에게 예방수칙을 홍보하는 데 소극적이었다는 점이 거론 됐다. 그리고 초기 확산의 진원지였던 시아파 제2의 성지 곰 지역의 순례를 막지 않아 이란의 다른 지방과 인접 국가로 확산되는 결과를 낳은 점도 지적됐다. 무엇보다 감염자와 사망자 수치에 대한 논란이 컸는데, 실제 피해 규모가 정부 발표보다 몇 배 더 많다는 주장이 국내외에서 지속적으로 제기됐다. 2020년 3월 12일에는 곰 인근에서 매장을 위한 거대한 구덩이가 만들어지는 위성사진이 언론에 게재됐고, 사람들은 이를 이 지역의 희생자가 공식 발표보다 많다는 증거로 간주했다. 이러한 비판은 적어도 이란 핵개발 의혹이 제기된 후 지금까지 만들어진 프레임이 그대로 적용된 것이라 볼 수 있다. 세계보건기구WHO의 자체 조사 결과, 이란 정부 발표에 문제가 없다고 선을 그었지만 큰 효과를 발휘하지는 못했다. 핵개발 의혹이 감염 자 규모 축소 의혹으로 이어진 것이다.

이런 의혹을 키운 데에는 고위층의 신종 코로나19 감염 소식도 빼놓을 수 없다. 세계 어느 나라에서도 이란처럼 사회 지도층 인사 다수가 코로나

19에 감염된 경우는 없었다. 3월 중순에 이미 2명의 부통령과 다수의 장관, 국회의원 전체의 10%에 해당하는 24명의 의원이 감염됐다. 이 중 2명의 의원, 2명의 전직 고위 외교관 그리고 최고지도자 하메네이의 자문위원 1명이 사망했다. 몇 주 동안 감염 사실을 밝히지 않은 중국과의 유사성도 관심을 끌었다. 마치 양국이 주된 감염 지역이 된 것이 우연은 아니라는 뉘앙스를 풍겼다. 게다가 중국과 이란은 최근 여러 면에서 긴밀한 관계를 맺은 나라가 아닌가?

초기에는 이란이 지리적으로 동유럽, 남아시아, 중동으로 이어지는 교류의 중심이자 종교적으로 시아파의 중심이라는 점에서 주변 여러 지역으로 바이러스가 확산될 것이라는 전망이 많았다. 또 상당수 인접 국가들이 전쟁으로 전염병에 대한 적절한 대응이 어려워 비극적인 상황이 전개될 수 있다는 우려도 제기됐다. 이란이 위험한 나라이며 중동에 계절노동자들이 많고, 권위주의 정권이 집권해 있고, 의료체계가 부실하다는 등 여러 면에서 전염병에 취약하다는 분석도 나왔다. 또는 순례 전통이나 집단기도 문화 등 이슬람의 특성이 전염병을 확산시킬 것이라는 이야기도 있었다. 완전히 틀린 말은 아니지만, 이것은 많은 요인 중 한 부분일 뿐이다. 특별히 이란, 중동, 이슬람이 전염병과 친화성이 있다고 말할 근거는 희박한 것이다.

물론 시간이 흐르면서 이란 정부의 대응과정에서 나타난 문제점이 유럽이나 미국 등 선진국에서도 나타난 보편적인 문제라는 점을 알게 됐다. 예들 들어 2020년 3월 21일 『뉴욕타임스』는 미국 내 코로나19 확진자가 공식 통계(2만 5천 명)의 11배에 달할 수 있다고 보도했다. 이번 사태가 이란 체제와 현 정권에 타격을 줄 수 있다는 우려 역시 섣부른 것으로 드러났다. 2월 21일에 열린 총선 1차 투표에서 반미 성향이 강한 보수파가 압승을 거두는 등 체제 붕괴의 조짐은 찾기 어려웠다. 체제에 위협이 되는 것은 그보다는 미국과의 갈등일 것이다. 미국과 이란 간의 무력분쟁 가능성은 언제나 열려 있다. 코로나19 사태 와중에도 양국이 주고받은 무력시위는 미국·이란 갈등을 다시금 환기시켰다.

경제제재 속에서의 팬데믹 대응

이렇게 외부의 곱지 않은 시선을 받았던 이란 코로나19 사태와 대응은 실제 어떤 양상을 띠었으며 특이한 점은 무엇이었을까? 첫 확진자는 2월 19일 곰에서 발생했고 3월 2일 그 숫자가 1,500명을 넘어섰다. 3월 7일 확진자 수가 5,823명에 이를 때까지만 해도 최악의 상황이 예견됐다. 이후 일일 천 명 정도의 신규 확진자가 발생하며 10% 이하의 증가세가 유지됐다. 환자 증가율도 높고 사망률도 두 자리 수를 기록하며 세계 평균을 크게 웃돌던 유행 초기에는 바이러스 변이로 피해가 더 심각한 것 아니냐는 추정도 있었다. 그만큼 당시 상황은 심각했고 특히 곰 지역 주민들은 공포에 떨었다.

　시아파 성지가 폐쇄되고, 순례객의 방문을 막기 위해 호텔 등 숙박시설의 영업중단 명령이 내려지기도 했다. 이슬람 사원도 정부의 권고를 받아들여 문을 닫았고 금요예배도 열리지 않았다. 혁명수비대가 방역을 주도하고 30만 명의 민병대 대원들이 가가호호 방문을 통해 의심환자들을 찾아냈다. 1,000여 개의 고정 또는 이동 진료소가 설치됐고, 군인들은 의료진을 보조하는 업무를 수행했으며 마스크나 장갑 제작에 참여하기도 했다. 이란은 테헤란의 3만 개를 포함한 채 11만 개 정도의 병상을 가지고 있다고 알려져 있는데 코로나19 사태 이후 정부는 이동 병상을 설치했다.

거리와 대중교통은 한산해졌고 직장에서는 동료 간에 일정한 거리를 유지하는 것에 익숙해졌다. 주민들은 여행이나 외출을 삼가고 집에 머물러 달라는 정부의 호소에 응했다. 초중등학교와 대학교에 휴교령이 내려졌고 극장 등 문화시설도 문을 닫았다. 그 대신 집에 있는 시간이 늘어남에 따라 물 소비량과 인터넷 사용량이 늘었다. 오랜 제재나 전쟁으로 위기에 익숙한 이란인들은 심각한 상황에서도 사재기 열풍이나 정부 지시에 대한 반발이 심하지 않다고 전해졌다. 다른 나라들과 다를 바 없이, 대부분의 이란인도 코로나19로 인한 위기 상황에 적응하고 있는 것이다.

이란에 특별한 점이 있다면 그것은 미국의 제재로 다른 국가에 비해 불리한 조건에서 코로나19에 대응하였다는 점일 것이다. 이란에 대한 제재는 이란의 핵무기 개발에 대한 유엔 및 유엔회원국들의 집단적, 개별적 대응 조치를 말한다. 특히 미국의 제재는 그 범위가 넓고 강도도 심해 이란을 경제적으로 고립시키고 있다. 물론 의료기기나 의약품은 인도적 물품에 속해 제재 품목에서 제외되지만, 업체들이 이란과의 거래를 꺼리고 금융제재로 인해 물품 대금을 받을 수 있는 창구를 찾기 어려워 실제 교역은 거의 이루어지지 않았다.

이란의 의료시설은 중동에서 최고 수준이며 선진국 수준에 가깝다고 평가되지만 최근 재개된 미국의 제재로 인해 코로나19 관련 의료품 수급에 어려움을 겪었다. 상황이 시급한데도 세계보건기구 등 외부 기관으로부터 방역물품이나 검사 장비 등을 지원받는 것은 매우 더디게 진행되었다. 그로 인해 특히 환자가 갑자기 많이 발생한 지역의 병원들은 제대로 대응하지 못했다. 이러한 상황에서 이란은 유엔과 세계 각국에 코로나19 대응에 필요한 의료품과 구호물품 공급을 가로막고 있는 미국의 불법적인 대이란 제재 철회에 대한 협조를 요청했다. 이러한 국제사회를 향한 호소에 일부 국가나 단체들이 의약품 등의 지원을 약속했지만 바로 실행에 옮기지는 못했다.[3] 코로나19에 대처하기 위해 50억 달러를 국제통화기금IMF에 요청하기도 했다. 이란이 IMF에 긴급자금을 요청한 것은 1962년 이후 58년 만이었다. 이란 정부와 이란인들이 미국의 제재가 낳은 비극에 국제사회가 눈을 감고 있다는 것에 분노하고 있다는 점을 잊지 말아야 할 것이다.

질병을 질병으로 보자

바이러스는 국적이나 국경을 모른다. 특정 국가의 고유한 문제를 내세우기에는 바이러스의 확산은 무차별적이다. 바이러스는 민주주의의 수준과 같은 고전적인 서방세계의 잣대를 거의 고려하지 않는 것처럼 보인다. 어떤 사회나 체제가 전염병에 더 강한 면역을 가지는지에 대해서는 적어도 현재로선 아무런 얘기도 할 수 없다. 이란 정부의 전염병 대응방식에 대한 서방세계의 부정적인 평가는 오랜 연원을 가지는 것이다. 전염병의 원산지로 인식돼 온 아시아에 대한 거부감만큼이나 아시아 각국 정부의 대응에 대한 서구인들의 평가 역시 매우 부정적이었다. 전염병은 해당 사회가 안고 있는 문제나 통치자들이 저지른 잘못에 대한 대가로 인식됐다.[4] 전통적으로 전염병은 왕이나 백성이 저지른 잘못에 대한 신의 징벌로 해석되곤 했는데, 이제는 지배적인 국가와 협력하지 않는 권위주의 체제의 결과라는 시각으로 부활하고 있다.

팬데믹 발생 초기 코로나19에 감염된 한 청소년의 사연이 보도된 바 있다.[5] 그는 가족과 의료진 중 누구도 자신이 감염된 것을 탓하지 않았다고 했다. 그러면서 "아무도 감염되기를 원하지 않는다. 주변 확진자를 따뜻한 시선으로 바라봐주면 좋겠다"고 했다. 무능할 수는 있지만, 자신의 나라가 비참해지는 것을 바라는 정치인이나 정권은 찾기 힘들 것이다. 이러한 믿음이 이란에게도 적용될 수 있다고 생각한다.

재난에서 정치가 아닌 인간을 보자. 코로나19 사태는 방역의 과제와 함께 모든 인간과 사회를 바이러스 앞에서 동등하게 대하는 인류애의 과제를 던져주고 있다. 세계는 팬데믹의 상황에서도 자국의 우월함을 강조하고 특정 국가를 비난하는 경쟁적인 사고를 보인다. 희생자가 많은 국가들은 예외 없이 단죄의 대상이 되곤 한다. 인류의 역사를 보면 세계적으로 확산된 전염병은 사회를 바꾸어놓았다. 코로나19 역시 기존의 사회와 문화에 타격을 가하고 있다. 다른 국가를 바라보는 시각에도 수정을 요하고 있다. 별 생각 없이 상투적인 잣대를 쓰기보다 새로운 세계인식의 도구를 만들어가야 한다고 재촉하고 있는 듯하다.

4 이란을 어떻게 볼 것인가?

2023년 1월, 윤석열 대통령이 아랍에미리트연합^{UAE} 방문 중 이란을 UAE의 최대 적으로 간주한 발언이 수습에 어려움을 겪었나. 당시 이란은 이란 주재 한국대사를 초치하고 한국과의 관계를 전면 재검토하겠다고 위협하는 등 강경대응에 나섰다.

대통령의 발언

이란과 아랍에미리트연합은 분쟁 공간인 페르시아만을 사이에 두고 긴장관계에 있기는 하지만, 적대적 관계라고 보기엔 어려운 면이 있다. 미국의 경제제재로 인해 고립된 이란에게 아랍에미리트연합은 최대의 교역 파트

너이며 이 나라에 거주하는 외국인 중 이란 출신은 가장 많은 60여 만 명에 달해 '적'이라는 호전적인 표현을 적용할 만한 관계에 있지 않다. 그래서 국제 관계에 대해 조금이라도 진지하게 생각한 이들은 윤 대통령의 발언과 의식 수준에 우려를 표하며 타국에 대한 발언에서 보다 신중한 태도를 주문했다.

1979년 혁명 이후 이란의 외교관계를 보면, 미국과의 적대적 관계가 지속되고 있는 것을 제외하면 어느 지역에서나 볼 수 있는 것처럼 주변국과의 경쟁관계가 존재하고 그러면서도 실용주의 노선이 함께 작용하고 있다. 사우디아라비아를 제외하면 수니파 국가들과도 범이슬람세계 차원에서 우호적인 관계를 유지해왔다. 그러다가 미국의 이라크 침공 이후 중동지역에 시아파 대 수니파 대결구도가 형성되면서 수니파 국가들과 긴장관계가 형성되기는 했다.

그로부터 얼마 후 이란은 또 다른 사안으로 우리의 관심을 끌었다. 히잡 착용을 강제하는 체제에 대한 이란 국민들의 저항운동 때문이었다. 그리고 이를 바라보는 한국인들의 시각은 한목소리로 시대착오적인 신정체제를 비판하는 것이었다. 윤 대통령의 발언이 있기 전만 해도 이란은 여성을 억압하고 국민들의 목소리에 폭력으로 대응하는 비민주적인 나라로 비난받고 있었다. 이란 이슈에 대한 다소 혼란스러운 한국사회의 반응은 이미 오래된 이란에 대한 복합적인 평가의 연장선상에 있는 것이다. 한편에서는 이란을 북한과 함께 '악의 축'의 일원으로 간주하는 미국적 사고가 깊이 뿌리 박혀 있으며, 다른 한편에서는 중동의 제국주의 세력 미국에 '맞짱 뜨는' 존중할 만한 나라로 인식되고 있는 것이다. 여기에 우리와 직접적인 지정학적인 문제가 없는 '제3국'을 바라보는 외부자의 시각도 덧붙여진다.

고립된 이란

이러한 배경에서 이란을 바라보는 전통적인 시선들을 살펴보고 조금은 새로운 시각을 덧붙여 보고자 한다. 먼저 현재의 이란에 대해 외부세계가 갖게 되는 주된 이미지는 고립되고 폐쇄적인 국가의 이미지다. 30년 이상 지속되고 있는 경제제재 조치가 사회를 질식시키고 있으며, 이란을 둘러싼 빽빽한 미군기지는 미군이 주둔한 세계 어느 지역보다 높은 밀도를 자랑한다. 이러한 외부로부터의 압박은 이란혁명 이후 수립된 신정체제에 의한 내부의 압박과 쌍을 이루고 있다. 이는 북한을 떠올리게 하지만, 지리적으로도 고립되어 있는 북한과 달리 이란은 사통팔달의 지리적 조건을 갖고

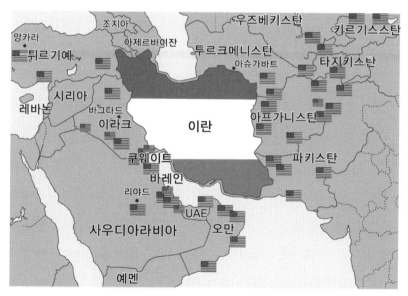

이란을 에워싸고 있는 미군기지(2019년 현재)

있으며 매우 다양한 종족으로 구성되어 있고 다양한 문화와 사고방식이 공존하고 있다는 점에서 차이가 있다.

다원적인 사회와 이란체제의 경직성, 이 어울리지 않는 조합은 설명을 필요로 한다. 먼저 개방적인 지리적 조건이나 다원적인 종족적, 사회문화적 특성은 이 지역에 경직된 이데올로기가 뿌리 내리기 어렵게 하는 요인으로 작용했을 것으로 보인다. 그래서일까. 이슬람과 기독교 세계로 양분될 때에도 페르시아라는 제3의 이름을 고대사에 아로새겼다. 이슬람제국 시대에는 유목민 출신의 아랍인이나 변방의 투르크족이 정치군사적 지배자였지만, 지적으로는 이란인들이 고대 지중해 지역의 지적 자산을 바탕으로 이슬람 사상을 발전시키는 역할을 담당했다. 특히 그리스 사상을 보존해, 후에 유럽이 자신들의 자산으로 삼을 수 있게 하는 중개자 역할을 했다. 제국주의 시대에도 인근 국가들과 달리 영국, 프랑스 중 어느 한 나라의 세력권에 들어가지 않았으며, 이 포지션은 냉전 시대에도 이어진다. 이란은 유럽 제국들의 뒤를 이은 미국이나 새로운 체제의 리더였던 소련 가운데 어느 한 나라에 크게 기울지 않은 외교관계를 유지했다.

게다가 이란은 러시아, 영국 등 서구 열강의 간섭을 받았던 경험은 있었지만 직접적인 식민지배를 겪지 않은 세계적으로 드문 사례다. 국제뉴스 코너의 단골 메뉴인 이란에 대한 서구의 집요한 관심과 경계에는 이 나라가 가지고 있는 석유 자원이나 지정학적 가치만이 아니라 자신들이 장악하지 못한 지역에 대해 느끼는 특별한 정서가 반영되어 있기도 하다. 이란에 대한 서구의 이 집요한 관심과 개입에서 극도로 경직된 이념으로 무장한 체제가 등장한 배경을 짐작해볼 수 있다. 1979년 이란혁명은 반서구, 반제국주의를 표방했고 혁명 이후에는 반미 구호가 경직된 체제를 정당화해주는 기제로 작용하게 된다.

　지배당한 적 없는 이란에 대한 제국주의적 열망은 인권, 자유, 민주화 담론으로 이어졌으며, 히잡 문제가 초래한 정치적 혼란을 빌미로 소위 '국제사회'의 개입에 대한 호소가 나오기도 한다. 우크라이나 전쟁에 대한 서방의 개입과 같은 것을 원하는 것이다. 당연한 얘기를 덧붙이자면 개입의 효과는 미지수다. 1990년대 구 유고연방에서의 분쟁에 대한 나토의 개입이 보여주었듯이 무력 개입은 사태를 더 악화시키고 인종청소를 유발하는 등 표방한 목표와는 정반대의 결과를 낳기도 한다. 이미 이란 체제를 압박한다는 명분으로 강화한 경제제재는 이란 국민들이 국가에 더 의존하도록 만들었다. 서방의 의도와 달리 체제는 더욱 굳건해지는 결과로 이어졌다.

혁명의 나라, 이란

고립과는 정반대의 이미지도 있다. 이란은 혁명을 수출하는 거점으로도 간주된다. 과거 볼셰비키혁명 이후의 소련이 세계 피억압 민중의 사상적 조국이자 이들의 혁명을 지원하는 존재였듯이, 이란혁명 이후의 이란은 아프리카, 라틴아메리카 등지에서 혁명의 나라로 여겨지고 있으며 이란 역시 이들 지역과의 관계에 역점을 기울이고 있다. 차이점이 있다면 소련이 자본주의 체제에 대한 투쟁을 이끌었다면 현 이란 체제가 전파하는 혁명의 타도 대상은 서구, 미국, 제국주의, 근대성과 같은 것들이다. 혁명 이후 이란이 채택한 경제 노선이나 사회정책은 사회주의보다 자본주의에 더 가까운 것이라 반자본주의 투쟁과는 거리가 있다. 한편, 이란 지배세력이 주창하는 반미, 반제, 반서구는 민중의 목소리를 억누르는 이데올로기로 활용되는 측면도 있다. 히잡 사태에서도 이란 지배세력은 미국, 이스라엘 등 제국주의 세력이 반정부운동을 자극했다는 식의 레토릭을 구사하고 있다.

반제혁명의 기수가 되기 이전에도 다수의 혁명과 쿠데타가 이란 현대사를 장식했다. 1921년 쿠데타를 통해 탄생한 팔라비 왕조는 1979년 이란 혁명으로 막을 내리게 된다. 1953년 모하마드 모사데그Mohammad Mossadegh가 시도한 사회주의적이고 반제국주의적인 성격의 개혁은 미국과 영국이 개입한 쿠데타에 의해 실패로 돌아갔다. 1951년 총리로 임명된 그는 동시대에 이집트에서 나세르가 수에즈 운하를 국유화했듯이 이란 석유회사의 국유화를 단행한다. 모사데그 총리 역시 나세르처럼 반제국주의의 기수로 대중적인 인기를 누리기도 했다. 나세르를 축출하기 위해 영국과 프랑스 연합군이 개입한 것처럼 모사데그를 축출하는 데에도 외세가 개입했고, 이는 미국이 냉전 기간 다른 나라에서 정권을 붕괴시키는 데 개입한 최초의 사례로 기록됐다.

이후 '백색 혁명'(1963~1978)이라 불리는 위로부터의 개혁이 그 뒤를 이었다. 당시 국왕 모하메드 레자 팔라비가 시도한 개혁 프로그램은 전통적인 이란의 사회체제와 지배계급을 약화시키고 사회를 서구화하려는 것이었다. 토지개혁, 여성해방, 산림과 목초지 국유화, 대중교육체제, 노동자들에게 기업의 이윤을 배분하는 제도 등이 당시 시도된 주요 정책들이었다. 결국 이 왕조는 1979년 민주주의 혁명으로 무너지게 된다. 혁명 세력 내부에는 친서구 노선을 걸었던 왕정을 비판하는 반서구화 · 반제국주의 · 이슬람주의, 물질주의와 대중문화, 빈곤과 불평등의 현실을 비판하는 반자본주의 · 사회주의, 권위주의적인 체제와 문화를 비판하는 학생운동 · 민주화운동 등 다양한 경향이 공존하고 있었는데 신정체제가 수립되는 예상치 못한 결과를 낳게 된다.

그리고 다시 한 세대가 지난 21세기 이란은 2009년 대선 결과에 불복해 전개됐던 '녹색운동', 그리고 2017년과 2019년에 전개된 반정부 투쟁 등 주기적인 민중봉기를 마주하게 된다. 2017년 개혁·개방 노선을 표방한 대통령 하산 로하니^{Hassan Rouhani}의 재선 이후 전개된 투쟁은 선거와 개혁을 정당성 기제로 활용해온 이란 체제에 국민들이 등을 돌리게 되었음을 보여주는 사건이었다. 체제 내부의 개혁 세력에 의한 타협적인 길을 기대했지만 개혁주의가 근본주의를 이기기 어렵다는 실망감이 국민을 다시 거리에 나서게 했다. 프랑스의 노란 조끼 운동[1]을 닮았던 2019년 '빵 폭동'은 높은 물가 등 민중의 경제적인 어려움이 배경이었지만, 체제 전반에 대한 거부 현상이 나타나기도 했다. 그리고 2022년 다시 민중 봉기가 재현됐는데 이 3년의 기간은 코로나19 팬데믹으로 사회운동이 불가능했던 때이기도 했다. 즉 이 기간을 괄호로 묶는다면 이란 사회는 이미 수년 전부터 항구적인 반체제 운동의 국면에 돌입해 있다고 할 수 있다. 그리고 앞으로도 상당한 수준의 체제 변화가 없이는 저항운동이 사라지지 않을 것이라는 전망이 우세하다.

예외적인 이란 대 보편적인 이란

이란을 바라보는 시각은 이 사회가 지닌 특수성을 강조하는 경향이 있다. 신정체제, 최고 지도자, 히잡, 도덕경찰 등 이슬람과 연관된 용어나 핵개발, 석유와 같은 용어가 이 나라를 특별한 나라로 인식하게 만든다. 이란을 이러한 용어들로 바라보는 데 길들어진 우리와 같은 국외자들은 이 나라를 '악의 축'이라는 유치한 용어로 규정하는 것에 대해서도 크게 놀라지 않는다. 그러나 조금만 상상력을 발휘하면 지구상에서 가장 독특하고 퇴행적인 나라로 보이는 이 나라를 특징짓는 용어들이 비단 이 나라에만 해당되는 것은 아님을 알 수 있다.

신정체제까지는 아니어도 종교가 정치에 개입하고, 교리가 개인의 세계관이나 일상을 규율하며, 종교지도자가 절대권력을 행사하는 사례는 아주 가까이에서도 찾아볼 수 있다. 복장이나 두발 규제도 먼 나라 얘기가 아니다. 핵은 민주주의를 표방하는 서방 국가들이 주도하고 있으며 석유는 현대사회에서 만인의 관심사다. 이번 이란 사태의 중심에 있는 히잡 착용 문제 역시 '히잡'이라는 생경한 용어가 주는 느낌과 달리 보편적으로 나타나고 있는 도덕주의적 경향의 하나로 볼 수 있다. 남성과 여성의 관계, 복장이나 외모 관련 규범 등을 비중 있는 정치적 사안으로 만드는 것은 가족이나 섹슈얼리티 같은 사적이고 친밀한 사안을 개인이나 집단을 평가하는 의미있는 잣대로 삼는 도덕주의와 닮아 있다. 한국사회에서 연예인, 정치인, 정당 등에 적용되는 도덕주의가 이란에서는 모든 국민, 특히 여성들에게 적용되고 있는 것이다. 이런 시각에서 보면 이란의 '도덕경찰'은 여성, 동성애자 등 소수자나 정치인 등의 사적 영역을 정치적인 무기나 상업적인 소재로 활용하는 한국사회 언론이나 검찰과 닮아 있다.

또한 히잡, 이슬람 등에 가려진 이란 사회의 보편적인 흐름을 보다 적극적으로 평가할 필요가 있다. 저항운동의 중심에 서 있는 이란 청년세대는 자국의 기성세대 못지않게 세계 다른 지역의 문화, 그리고 그곳의 동년배들과 많은 것을 공유하고 있다. 이들의 생각에 영향을 미치는 것은 가족이나 이웃의 문화나 그들과의 상호작용만이 아니라 인터넷의 정보와 네티즌들의 생각이다. 세계가 훨씬 더 좁아진 탓이다. 그러나 이러한 가상의 준거집단과 함께 이들에게는 남녀분리 체계, 의무적인 종교교육, 엄격한 복장규정과 같은 현실세계의 규범이 있다. 이 양자 간의 괴리는 이미 수십 년 된 현상이다. 1980년대 위성 안테나를 통해 유럽을 접하면서 생긴 의식과 현실 간의 괴리가 이제 보다 긴밀하고 쌍방향적인 소통을 가능하게 하는 정보통신기술의 발전으로 더 확대된 것이다.

여성이 주도하는 미시권력에 대한 투쟁

최근 이란의 반정부시위는 여러 면에서 기존의 저항운동과 다른 점을 보여주고 있다. 그중에서도 여성이 중심이 된 운동이라는 점과 일상이 주된 사안이라는 점이 두드러진다. 지금까지 여성의 자유를 쟁취하고자 하는 투쟁은 다른 투쟁에 묻히기 쉬웠지만, 최근엔 여성 권리를 위한 투쟁이 보다 중요하게 다뤄지고 있고, 이전과 달리 투쟁의 중심에 자리하고 있다. 더 나아가 여성들은 여성해방운동만이 아니라 체제 전복의 기수가 됐다.

이란의 대표적인 여성운동가 타히리Tāhiri의 사례는 현재의 저항운동이 이란 여성운동의 장구한 역사와 맥이 닿아 있음을 보여준다. 그는 시인이자 여성운동가였고 이란에서 창설된 바하이교의 초대 18사도 중 유일한 여성이기도 했다. 그는 1848년에 열린 바하이교 종교회의 자리에서의 감동적인 연설로 성인으로 추앙됐지만, 당시 회의 석상에서 히잡을 벗어던진 일이 빌미가 되어 후날 이란 왕정에 의해 처형당하게 된다. 처형 직전 그가 한

말이다. "당신들은 원하면 나를 죽일 수 있을 것이다. 그러나 여성해방을 막지는 못할 것이다."

1979년 이란혁명 직후 도입된 히잡 착용 의무화 조치는 혁명의 대의를 보여주는 상징적인 조치 중 하나였다. 그래서 히잡 착용 거부는 이 운동이 이란혁명이 수립한 체제의 근간을 부정하는 체제 차원의 운동임을 말해준다. 미셸 푸코Michel Foucault의 개념을 차용한다면 이 운동은 미시권력에 대한 저항이다. 여성의 복장만이 아니라 남성을 포함해 시민의 일상을 감시하고 처벌하는 권력의 작용에 반기를 든 것이다. 신정체제가 부과하는 억압적인 규정만이 아니라 이란 사회 곳곳에 존재하는 억압적인 관행도 거부의 대상이 되고 있다. 이전 민중봉기에서는 경제적인 문제나 정치적인 사안이 갈등의 중심에 있었다면 이번에는 평범한 사람들의 매일매일의 삶이 갈등과 대결의 장이다. 1979년 이란혁명이 탈물질적 가치와 탈중심적인 실천 등으로 포스트모던 사회운동의 전형으로 각광받기도 했다면, 새로운 이란혁명 역시 또다른 측면에서 근대성을 넘어서는 면모를 보이는 것이다.

저항은 미학적인 측면을 지니기도 한다. 신정체제가 가린 여성과 그들의 몸은 이제 염색한 머리, 빨간 립스틱, 화려한 의상, 짧게 자른 머리 등을 통해 과감하게 드러나고 있다. 무채색만이 허용되는 학교 문화에서 허용되지 않았던 '색의 해방'은 지금도 여전히 무채색이 점령하고 있는 한국사회와도 크게 다르지 않다. 높은 곳에 올라 히잡을 벗어 막대기에 걸고 흔들거나 히잡을 불태우고, 공공장소에서 머리를 자르거나 노래를 하고 춤을 추는 식의 '사회적 공연'도 혁명의 레퍼토리가 되었다. 이 '공연'은 이번 시위의 대표적인 구호인 여성, 삶, 자유를 표현하는 것에 다름 아니다. 그렇다고 외양의 변화가 모든 것을 해결해주는 것은 아니다. 색의 해방과 몸의 자유는 자유의 일부일 뿐이다. 경제적으로 궁핍하고 정치적으로 구속된 삶에서 벗어난 또 다른 자유가 필요한 것이다.

1. 예외적인 중동 vs. 보편적인 중동

1　https://en.wikipedia.org/wiki/November_2015_Paris_attacks#/media/File:
　　Dozens_of_mourning_people_captured_during_civil_service_in_remembrance_of
　　_November_2015_Paris_attacks_victims._Western_Europe,_France,_Paris,_place_
　　de_la_R%C3%A9publique,_November_15,_2015.jpg

2　Narjas Zatat, "Closing the decade: 10 events that drastically changed the Middle
　　East", The New Arab, 2019.12.23. https://www.newarab.com/news/10-events-
　　drastically-changed-middle-east, 2023.8.6. 검색.

3　2010년 12월 튀니지에서 시작해 아랍 세계 전역으로 확산된 민주화운동을 가리
　　키는 용어이다. 아랍의 봄으로 튀니지, 이집트, 리비아, 예멘에서는 장기집권한
　　정권이 무너지고, 리비아, 시리아, 예멘에서는 내전이 발생해 장기간 지속되고 있
　　다. 2018~2019년에는 모로코, 요르단, 알제리, 수단, 레바논, 이라크 등지에서도
　　아랍의 봄의 '제2의 물결'로 표현되는 강력한 민주화운동이 전개됐다.

4　"Views of Middle East Unchanged by Recent Events", Pew Research Center,
　　2011.6.10. https://www.pewresearch.org/politics/2011/06/10/views-of-middle-east
　　-unchanged-by-recent-events/, 2023.8.6. 검색.

5　Achcar, 2016, *Morbid Symptoms: Relapse in the Arab Uprising*, Stanford University
　　Press.

2. 종교 · 종족에 가려진 중동의 성소수자와 이주민

1　https://upload.wikimedia.org/wikipedia/commons/b/bf/Side-by-side_image_
　　of_Amman_mural_of_Sarah_Hegazi_before_and_after.jpg

2　MEE correspondent, "'Egypt failed her': LGBT activist kills herself in Canada after
　　suffering post-prison trauma", *Middle East Eye*, 2020.6.15. https://www.middleeasteye.
　　net/news/egypt-lgbtq-activist-sarah-hegazi-suicide-trauma, 2020.8.12. 검색.

3   Haig Papazian, "She Waved a Rainbow Flag at Our Cairo Show. Tragedy Followed", *The New York Times*, 2020.7.16. https://www.nytimes.com/2020/07/16/opinion/culture/mashrou-leila-fan-suicide.html, 2020.8.10. 검색.

4   P. R. Kumaraswamy, 2003, "Problems of Studying Minorities in the Middle East", *Alternatives: Turkish Journal of International Relations*, Vol.2, No.2, Summer 2003: 244.

5   Giacomo Zandonini, "'Your skin colour was a crime': African migrants in Algeria", Aljazeera, 2018.12.24. https://www.aljazeera.com/indepth/features/skin-colour-crime-african- migrants-algcria-181222084531701.html, 2020.8.20. 검색.

6   "'They want us to leave'-Foreign workers under pressure in the Gulf", *Financial Times*, 2020.7.28. https://www.ft.com/content/77c2d7db-0ade-4665-9cb8-c82b72c2da66, 2020.8.12. 검색.

7   "Kuwait readies to expel 370,000 foreign workers", *Middle East Monitor*, 2020.8.11. https://www.middleeastmonitor.com/20200811-kuwait-readies-to-expel-370000-foreign-workers/, 2020.8.20. 검색.

8   밀레트는 종교적, 문화적 자유를 인정받은 종교 자치구로 오스만 제국이 정복한 지역을 통치하는 관용적인 통합 방식을 상징한다. 해당 자치구에서는 전통적인 공동체가 유지되고 자율적인 행정, 교육 등의 권한이 부여되었다.

3 코로나19 사태를 바라보는 탁한 시선

1   이 글을 쓸 때만 해도 코로나19 사태는 일부 국가에 국한되어 있었다. 게다가 감염이 크게 확산된 지역이 중국과 이란이었다는 점이 불순한 해석이 개입될 여지를 제공했다. 다행이라고 말할 수는 전혀 없지만 이후 여러 지역으로 피해가 확산되어 이란은 특별한 관심에서 벗어났다.

2   수전 손택, 2002, 『은유로서의 질병』(이재원 옮김), 이후.

3   "Iran FM Urges World to Disregard 'Inhuman' US Sanctions amid Virus Epidemic", *Tasnim News Agency*, 2020.3.14. https://www.tasnimnews.com/en/news/2020/03/14/2222857/iran-fm-urges-world-to-disregard-inhuman-us-sanctions-amid-virus-epidemic, 2020.3.19. 검색.

4   Florence Bretelle-Establet et Frédéric Keck, 2014, "Les épidémies entre 'Occident' et 'Orient' *Extrême-Orient Extrême-Occident*, https://journals.openedition.org/extremeorient/327#text,(오픈에디션 저널), 2020.3.19. 검색.

5   한국일보, 2020.3.19.

4. 이란을 어떻게 볼 것인가?

1   2018년 프랑스에서 유류세 인상을 계기로 일어나 주변 국가에까지 확산된 대중
    시위를 가리키는데, 프랑스에서 모든 차량에 비치해야 하는 노란 조끼가 시위의
    상징이 되어 붙게 된 이름이다. 단지 유류세 인상만이 아니라 서민들에게 경제적
    인 부담을 주고 친기업적인 행보를 보인 마크롱 정부에 대한 누적된 불만이 표출
    된 시위였다.

불평등한 중동

●

1 중동의 아프리카화와 그 결과

중동이 또 하나의 아프리카가 되고 있다. 아프리카에 대한 고전적인 이미지에 현재 중동의 현실이 오버랩되고 있다. 끝나지 않는 전쟁과 무정부 상태가 난민과 기아를 초래하고 현대판 노예를 양산하고 있다. 이미 10여 년이 된 일이어서 익숙해진 모습일 수도 있다. 그러나 역사를 돌이켜보면 현재 중동의 모습은 이전의 중동과는 매우 다르다.

중동의 의미

한국과 같은 외부세계에게 중동은 지리적인 차원 이상의 의미를 담고 있다. 석유 생산지와 분쟁지역이라는 표상이 있었고 최근에는 이슬람 세계라

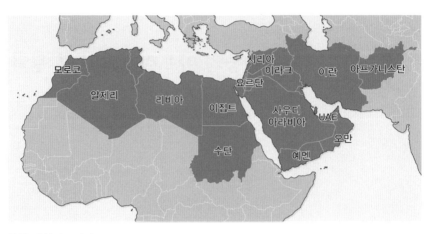

중동 및 북아프리카

는 이미지가 덧붙여졌다. 아프리카 역시 나름의 이미지를 가지고 있다. 원시적인 공간이며 극도의 빈곤과 종족갈등의 땅으로 여겨져 왔다. 에티오피아 난민, 르완다의 인종청소는 이 대륙을 상징하는 사건들이었다.

　유라시아 대륙과 아프리카 대륙이 중동과 아프리카를 나누는 기준이 된다면 또 하나의 지리적인 단절을 가져온 사하라 사막이 북아프리카와 사하라 사막 이남의 '흑아프리카'로 나누는 기준이 됐다. 북아프리카는 사하라 이남 지역보다는 지리적 연속성을 가진 중동지역과 더 가까운 지역으로 인식되는 경향이 있다.

　필자가 이러한 범위와 분류에 대해 언급하는 것은 중동지역에서 나타나는 일련의 변화 때문이다. 발전된 서구와 가까운, 보다 문명화된 지역이자 경제적으로도 사하라 이남 지역과는 구분되는 중동 지역의 상황이 악화되면서 양자 간의 차이가 희석되고 있는 것이다.

국가의 붕괴

국가의 부재 내지 '실패한 국가failed state' 현상이 과거에는 팔레스타인, 레바논 등 특정 시기에 나타난 한두 국가의 예외적인 사례, 주로 이스라엘 제국주의와 연관된 현상이었다면 이제는 시리아, 예멘, 리비아, 이라크 등 다수의 국가들에서 나타나고 있다.

    헝가리의 공공정책 전문가 야히야 사도프스키Yahya Sadowski는 중동 소재 국가들이 강제력의 측면에서는 매우 강하지만 사회적 영향력은 극히 미미한 점을 들어 '중동의 아프리카화' 개념을 사용한 바 있다. 그는 중동 국가들이 치안, 인프라, 의료, 교육 등의 부문에서 제공되는 공공서비스가 최근 극도로 약화된 점을 강조하고 있다. 국가의 쇠퇴 내지 붕괴는 국민이 이슬람 세력과 같은 비국가적 행위자들에 의존하게 만들었으며, 아랍의 봄과 같은 봉기의 주된 배경이었다는 것이다. 또한 아랍의 봄은 역설적으로 이러한 국가의 붕괴를 가져온 배경으로도 작용했다.[1]

    아프리카화 현상이 비단 국가 영역에 국한된 것만은 아니다. 무엇보다도 전쟁과 테러가 중동 및 북아프리카 전역으로 확대되고 장기간 지속되면서 과거 아프리카에서 볼 수 있었던 인종청소와 난민, 노예제나 기아와 같은 극단적인 양상들이 목격되고 있는 것이다. 1980년대부터 2000년대까지 아프리카를 덮쳤던 이러한 현상이 2000년대 이후 중동 지역에 광범위하게 확산된 것이다.

기아와 난민

집과 생존의 터전을 잃은 사람들과 난민의 경우에도 중동이 아프리카를 추월하였다고 볼 수 있다. 과거 중동에도 팔레스타인 난민이나 레바논 내전으로 인한 난민들의 사례가 있었지만 아프리카의 난민들과는 다른 인상을 주었다. 강대국이 개입한 국제적으로 비중 있는 현상의 부산물로 여겨졌으며 반제국주의나 민족주의와 같은 존중받을 만한 이념이 비참함 그 자체보다 먼저 다가왔다. 그러나 이제 중동의 비극적인 장면들은 더 이상 어떤 가치 있는 것의 표상이 아니다. 과거 극단적인 이미지들이 아프리카를 저급하고 이질적인 세계로 만들었던 것과 별로 다르지 않은 기능을 수행하고 있다.

난민은 극단적인 상황의 상징이다. 생존이 극도로 위협받고 있는 지역에서만 나타나는 이 현상이 현재의 중동에서 두드러지고 있다. 유엔 보고서에 따르면 600만 명 이상이 고국을 등져야 했던 시리아는 80% 이상의 국민이 빈곤선 이하의 생활을 하고 있으며 평균수명도 2014년까지 지속적으로 하락했다. 인구수는 2010년 2,087만 명에서 2014년 1,765만 명으로 줄었다가 최근 회복세를 보여 2021년에는 2,132만 명이다.

1980년대 이후 기아문제는 주로 아프리카 지역에서 나타났으며 주된 원인은 분쟁과 가뭄이었다. 1980~1981년 우간다, 1984~1985년 에티오피아, 1991~1992년 소말리아, 1998년 수단, 1998~2000년 에티오피아, 1998~2004년 콩고, 2005~2006년 니제르, 2011~2012년 소말리아, 2012년 서아프리카 지역에 이어 2016년부터는 예멘이 가장 심각한 기아문제를 겪고 있다.

2014년부터 지속되고 있는 예멘 내전은 그간 3백만 이상의 난민을 발생시켰다. 2천 8백만 국민의 65%가 영양실조 상태에 있으며 1/4인 7백만 명이 전적으로 구호식량에 의존하고 있다. 내전 발발 이래 5세 이하 어린이 8만 5천 명이 영양실조로 사망했다는 보도도 있었다.[2] 예멘 내전은 2014년 후티 반군이 수도 사나를 장악하면서 시작됐다. 2018년 12월 18일 스톡홀름 협정으로 휴전이 선포됐지만 양측 간의 신뢰는 매우 약한 것으로 평가되고 있다.[3]

난민에서 노예로

현재 전 세계에 대략 4천만이 넘는 남성, 여성, 아이들이 노예 상태에 있다는 점에서 노예제도가 결코 이제는 볼 수 없는 과거의 일만은 아닌 것이다. 단지 비유적인 표현이 아니라 노예 상태에서 노동하는 사람들이 다양한 지역의 다양한 공간에서 발견된다. 현대적 노예는 노동이나 혼인 등을 강요당했고 이를 거절하거나 피할 수 없는 상황에 있는 모든 사람을 의미한다. 최근 통계자료에 따르면 현대적 노예의 70% 이상이 여성이며 1/4이 아동이다.

특히 중동과 아프리카 지역에서 노예라고 볼 수 있는 사례들이 최근 급격히 늘어났다. 2016년 현재 아프리카에는 920만 명의 사람들이 노예와 같은 조건에서 살고 있다. 이는 인구 1,000명당 7.6명에 해당하는 것으로 세계에서 가장 높은 비율을 나타내고 있다. 이 가운데 알제리, 이집트, 리비아, 모로코, 튀니지 등 북아프리카의 아랍국가에도 80만 명가량이 노예로 살고 있다. 중동의 아랍 세계에도 52만 명이 노예상태에서 생활하고 있다. 이는 인구 1,000명당 3.3명에 해당하는 것이다. 국가별로는 시리아, 이라크, 예멘 순으로 노예의 비율이 높게 나타나며 절대적인 수로도 중동에 위치한 아랍국가 전체의 76%가 이 지역에서 발생한다.[4]

노예 현상은 근본적으로 글로벌 자본주의와 전쟁으로 설명될 수 있지만 노예가 생겨나는 주된 경로 중 하나는 난민을 납치하는 것이다. 특히 동아프리카 지역에서 난민들이 납치되는 사례가 많다. 2017년에서 2018년 사이에 다국적이주센터Mixed Migration Centre, MMC에서 11,150명의 난민을 대상으로 수행한 인터뷰조사 결과를 보면, 아프리카에서 유럽으로 향하는 루트에서 가장 많은 납치가 행해지며, 특히 동아프리카 지역이 가장 위험한 것으로 나타났다. 이 조사에 따르면 동아프리카 지역을 통과하는 과정에서 난민 15% 이상이 납치를 경험했다고 답했다.

언론이나 정부에 의해 난민이 비참하게 그리고 동시에 인간 이하의 모습으로 그려지는 것도 이들을 돈벌이 대상으로 여기고 이들에게 가혹한 행위를 하게 하는 배경이 된다. 극도의 비참한 모습을 보여주는 것이 이들을 자신들과는 다른 종류의 저급한 인간으로 여기게 하는 효과가 있는 것이다. 인간으로서의 존엄성을 상실한 난민의 이미지가 실제 이들의 존엄성을 훼손하는 행위를 용이하게 하는 측면이 있는 것이다.

열등한 문명에서 야만으로

중동은 분쟁의 대명사이자 국제관계의 요충지였다. 이스라엘과 석유의 존재, 그리고 지정적학인 가치는 이 지역에 인구수나 경제력과 무관한 예외적인 지위를 부여했다. 그런데 이러한 특별한 위상이 흔들리고 있다. 실제 중동 지역에 가장 큰 영향력을 행사하고 있는 외부세력인 미국조차 최근 행보를 보면 대외정책에서 이 지역이 차지하는 비중이 줄어들고 있으며 점점 더 소극적인 태도를 보이고 있다. 석유의 전략적인 가치가 줄어들고 있는 것도 이 지역의 위상 하락에 한몫을 하고 있다.

객관적인 상황의 악화와 함께 문제가 되는 것은 이러한 악화를 배경으로 중동 지역이 지닌 본질적인 한계를 강조하는 오리엔탈리즘류의 담론이 강화되고 있다는 점이다. 더 나아가 문명 옥시덴트의 열등한 쌍으로서의 문명 오리엔트에서 문명의 밖에 존재하는 야만으로의 추락을 경험하고 있다. 그것도 부정적인 이미지로만 가득찬 야만으로 중동이 표상되고 있는 것이다. 이러한 중동의 추락은 비인간화된 난민과 노예, 이슬람국가[IS]가 연기하는 야만적인 행태의 논리적 귀결이라고 볼 수 있다. 지리적으로도 신체적으로도 유럽인들과 가장 가까운 타자가 이제 가장 이질적이고 적대적인 존재가 됐다. 이 '새로운 흑인'은 이제 새로운 인종주의의 장에서 흑인을 상당부분 대체하는 새로운 인종이 되고 있다. 전 세계 어디에서도 꺼려기는 시리아 난민은 난민이라는 현상에 대한 국제적인 관심을 불러일으켰지만 아랍인에 대한 극단적이고 부정적인 이미지를 심화시키는 계기가 되기도 했다.[5]

인류 내부에 질적으로 다른 종류의 집단이 존재한다는 인종주의적 사고는 해당 집단을 동등한 연대의 대상이 아니라 계몽과 구호의 대상으로 변형시킨다. 국제정치나 경제적인 가치에서 비롯됐던 중동에 대한 관심이 인도주의적인 성격으로 변할 때 중동은 과거 아프리카가 그랬듯 질적으로 다른 존재들이 사는 지역으로 인식될 위험이 있다.

2

불평등의 새로운 상징, 중동 : "가난이 모든 가정에 들어왔다"

우리는 불평등한 사회의 대명사로 브라질이나 남아프리카공화국 등을 떠올린다. 이들 사회에서는 빈곤층이 광범위하게 존재하고, 소수가 부를 독점하며, 인종이나 민족과 같은 요인이 불평등을 극단적으로 만든다. 이와 달리 중동은 대부분 한 민족이 다수를 이루고, 사회주의적인 전통을 가진 곳들도 있어 위의 국가들과는 다른 이미지를 갖는다. 그리고 실제로 어느 시기까지는 사회구성원 간의 경제적 격차가 크지 않았다. 하지만 이제는 중동에 대해서도 종교나 전쟁만큼 빈곤과 불평등의 문제를 얘기할 때가 됐다. 이슬람의 땅, 일사불란해 보이는 동질성의 땅에 경제적인 균열이 폭발한 것이다.

레바논은 2019년 10월부터 나타난 심각한 금융위기에 직면해 자본의 이동을 제한하는 자본통제 조치를 실시했다.[1]

레바논 사태

"가난이 모든 가정에 들어왔다."[2] 이 표현은 자국 통화의 가치가 절반 이하로 떨어지며 물가가 폭등해 소수의 중산층마저 생필품 구입에 어려움을 겪는 레바논의 현실을 보여준다. 레바논 파운드의 가치가 급락하고 뱅크런과 외화 유출 위험에 직면하면서, 달러화 등 외화 인출을 일정 금액 이하로 제한하는 조치가 내려졌다. 2019년 10월에는 은행과 투자자들이 거둔 막대한 이익과 레바논 사회의 경제적 침체 간의 괴리, 세수 확보를 위한 과세조치에 대한 불만으로 국민이 거리에 나섰다. 높은 부채 비율로 인해 채무상환을 유예하는 모라토리엄을 선언하는 등 금융 위기에 직면해 있기도 하다.

불평등한 중동

2018년 세계은행의 〈빈곤과 공유 번영 보고서〉에 따르면 중동·북아프리카 지역은 2011~2015년 사이에 세계에서 절대빈곤extreme poverty 상태에 처한 사람들의 비율이 늘어난 유일한 지역이었다. 하루 1.9달러(약 2,350원) 이하로 사는 사람의 비율이 2.7%에서 5%로 늘어나 1,860만 명에 이르게 됐다.[3] 물론 사하라 이남 아프리카나 남아시아 등 전통적으로 빈곤 문제가 심각한 지역의 빈곤율은 중동·북아프리카 지역보다 훨씬 높다는 점을 고려해야 한다. 예를 들어 사하라 이남 아프리카의 절대빈곤율은 2011년 45%에서 2015년 42%로 조금 낮아졌을 뿐이다.

그런데 중동의 상황은 생각보다 더 심각할 수 있다. 심지어 세계은행이나 유엔 경제사회이사회 등 국제사회가 발표하는 통계수치와는 달리 중동이 세계에서 가장 불평등한 지역이라는 분석까지 나온다. 이러한 견해는 이미 '중동 불평등의 수수께끼'라는 표현으로 언급된 바 있다. 즉 일부 공식 통계를 보면 아랍국가 중 상당수가 북유럽 국가에 버금가는 평등한 사회로 나타나지만, 거리에 나선 시민들은 불평등과 부정의를 가장 심각한 사회문제로 거론하고 있는 것이다.

실제로 중동의 빈곤층 비율과 계층 간 격차는 공식통계보다 훨씬 크다는 주장이 설득력을 얻고 있다. 이러한 주장은 중동·북아프리카 지역의 빈곤율 추산이 다른 지역보다 어렵다는 점을 근거로 든다. 소득이나 지출에 관한 조사가 매우 드물고 그나마도 부정기적으로 수집되기 때문이다. 게다가 국제적인 기준에 따르지 못하는 경우가 대다수다. 또한 빈곤한 난민 등 전쟁이나 정치적인 사유로 주거지를 옮긴 사람들이 조사에서 누락되는 경우가 적지 않다. 상당수의 일자리가 통계에 잡히지 않는 비공식 부문이라는 점도 통계의 신뢰성을 떨어뜨린다. 이러한 문제의식에서 현실에 가깝게 불평등을 측정하려는 시도가 있었다. 세금 관련 자료, 가구 대상 서베이survey, 잡지에 공개된 부유층 관련 정보 등 다양한 정보를 종합해 산출한 연구 결과에 따르면, 정부나 국제사회가 제시하는 통계와 달리 중동지역이 세계에서 가장 불평등한 지역으로 나타났다.[4]

이러한 중동의 현실은 한두 세대 전에 시작된 현대적인 양상이다. 1950~1960년대 영국이나 프랑스로부터 독립한 이후 아랍 국가는 제국주의 시절 이등 시민으로서 겪었던 불평등을 극복하기 위한 정책을 폈다. 무상교육, 무상의료, 심지어 전기도 무상으로 제공했으며 지역균형발전 정책을 폈다. 그 결과 개인 간, 지역 간 불평등이 상당히 줄어들었다. 그러다가 1970년대 석유 붐이 모든 것을 변화시켰다. 교육, 의료 등 공적서비스가 민영화되면서 불평등이 심화되었다. 그 연장선에서 아랍의 봄과 뒤이은 내전 상황은 치안, 인프라, 의료, 교육 등의 공공서비스를 극도로 약화시켰다. 그리고 이것이 일자리 문제와 함께 불평등을 심화하는 원인으로 작용했다.

비공식 부문

중동 또는 아랍 세계의 빈곤과 불평등 현상은 비공식 부문의 존재와 밀접하게 연관되어 있다. 왜냐하면 비공식 부문에서 일하는 사람은 고용조건이 열악한데다, 상당수의 사회보장정책에서 배제되기 때문이다. 매년 3백만 개 정도의 새로운 일자리가 아랍 세계에서 창출되지만 이 중 2/3 정도는 비공식 부문 일자리다. 이는 당분간 불평등이 더 심화될 가능성이 크다는 것을 의미한다. 비공식 부문 종사자의 대부분이 자영업자가 아닌 피고용자라는 점에서도 비공식 부문과 빈곤 또는 불평등의 상관관계를 짐작해볼 수 있다.

비공식 부문이라는 용어는 1972년 국제노동기구^{ILO}에서 처음 사용했다. 이는 인정받지도 보호받지도, 정책의 대상이 되지도 못하는 경제 부문을 의미한다. 당시 사하라 이남 아프리카에서 나타난 형태를 지칭하기 위해 사용했고, 경제성장과 함께 사라질 일시적인 현상으로 간주했다. 그러나 현재 중동지역에서도 이 부문에 속하는 인구 비중이 절반에 가까울 정도로 경제의 중요한 일부를 구성하게 됐다.

청년, 여성, 이주민

중동 지역 빈곤과 불평등 현상의 중심에는 청년, 여성, 이주민이 있다. 2011년 아랍의 봄은 청년실업 문제와 고학력자들의 실업 문제에 대한 관심을 불러일으켰다. 하지만 이들의 문제가 어제오늘 일은 아니었다. 한국보다 실업 문제가 일찍 찾아온 이 지역에서는 이미 1980년대부터 교육을 받았지만 일자리를 찾을 수 없는 불우한 청년들이 이슬람주의를 표방한 저항운동의 중심에 있었다. 이전까지 기성세대의 전유물로 간주됐던 이슬람이 길을 잃은 청년 세대를 끌어안았던 것이다. 그로부터 30년이 지난 2011년, 동일한 양상이 구호만 달라진 채 반복됐다. 그 후 10년이 또 지났지만 일자리나 불평등 문제가 나아질 기미가 보이지 않으면서, 레바논과 알제리, 이라크에서 다시 청년들이 거리에 나선 것이다.

　여성은 아랍 세계에서 불평등의 피해를 크게 입고 있는 또 다른 집단이다. 노동시장 진출에서의 불이익과 재산소유에서의 불이익을 동시에 받고 있기 때문이다. 1990년대만 해도 여성들은 농업 부문에서 일자리를 찾을 수 있었고 어느 정도의 교육을 받은 여성들은 도시에서도 일자리를 얻었다. 하지만 도시로의 대량 이주가 상황을 변화시켰다. 열악한 비공식 부문 일자리조차 이미 남성들이 차지하고 있었기 때문에, 도시에 온 수많은 여성들은 기회를 가지기 어려웠다. 이런 이유로 과거보다 여성들의 경제활동 참여가 줄어들게 됐다. 서구 복지국가를 설명하는 '국가와 결혼한 여성'이라는 표현처럼, 아랍 세계 역시 국가 등 공공부문 확대는 여성의 사회진출에 크게 기여했다. 게다가 역설적으로 남성과 여성의 분리를 심화시킨 재이슬람화 현상이 의료와 교육 부문에서 여성의 일자리를 창출하는 역할을 했다. 여성 환자를 진료하는 여의사, 여학생을 가르치는 여교사가 필요했던 것이다. 그런데 불황과 신자유주의화로 공공부문 일자리가 사라지면서 여성이 최대 피해자가 됐다. 이를 고려하면 보다 직접적으로 여성의 사회 참여를 어렵게 한 것은 종교 세력이 아닌, 민영화와 구조조정을 설교한 세계은행과 IMF, 그리고 외부의 투자자들이었다.

　이주노동자의 비중이 높은 지역은 빈곤과 불평등 문제가 더 심각할 수 있다. 열악한 고용조건과 함께 이주노동자의 상당수가 해당 국가에서 제공하는 사회보장 혜택을 받지 못하기 때문이다. 또한 이들 역시 토박이들과 유사하게 주로 비공식 부문의 일자리를 갖고 있다. 이주민의 비중이 큰 레바논의 경우 경제활동인구의 37%가 이주민이고 이들의 대다수가 비공식 부문에서 일하고 있다. 바레인은 그 비율이 73%에 이르는데, 이들 중 60%

가 사회보장 혜택을 받기 위한 최소 거주기간인 1년을 충족시키지 못해 배제되어 있는 실정이다.

국가 간 불평등

중동의 불평등은 국가 내부의 격차뿐 아니라, 중동 또는 아랍을 구성하는 국가 간 격차도 매우 크다. 이는 인근 유럽지역과 비교해보면 확연히 드러난다. 유럽국가들 중 예멘이나 이라크와 걸프만 산유국 간의 격차에 비견할 만한 사례는 찾기 어렵다. 중동 지역 전체를 대상으로 한 『21세기 자본』의 저자 토마 피케티^{Thomas Piketty}의 연구 결과를 보면 상위 1%가 지역 전체 소득의 25%를 벌어들이는 것으로 나타났다. 이는 미국(20%), 서유럽(11%), 심지어 남아프리카공화국(17%)보다도 높은 수치이다.[5]

아랍 국가 간에 발생한 격차가 심각한 이유 중 하나는 아랍인들이 국가는 달라도 동일한 민족이라는 인식을 갖고 있기 때문이다. 이들에게 아랍 국가 간의 심각한 격차는 인정하기 어려운 것이다. 실제 국가 간 경제 격차가 정치적인 갈등이나 전쟁의 원인으로 작용하기도 한다. 걸프전을 초래한 이라크의 쿠웨이트 침공은 이를 보여주는 전형적인 사례다. 당시 크게 벌어져 있던 양국 간의 소득 격차는 무력으로라도 이를 교정하려는 시도를 낳았다.

불평등과 저항운동

아랍 세계에서는 유독 '사회정의'라는 표현을 많이 사용한다. 이 표현은 1970년대부터 이슬람주의 진영이 즐겨 사용했고 비종교적이었던 '아랍의 봄' 시위대 역시 빵, 자유와 함께 '사회정의'를 대표적인 구호에 포함시켰다. 국가의 소극적인 태도와 달리 불평등에 대한 국민의 관심은 매우 크다. 2019년 알제리, 레바논, 이라크, 수단에서 전개된 저항운동의 주된 배경 중 하나가 불평등에 대한 문제제기였다는 것이 이를 잘 보여준다. 돌이켜 보면 종교 세력의 집권으로 마무리된 1979년 이란혁명도 종속적 발전전략이 가져온 불평등 심화에 대항한 '사회혁명'이었다.

아랍의 봄을 야기한 원인 중 하나인 불평등은 혁명 이후에도 여전히 심각한 상태를 유지하고 있다. 조세제도나 복지제도 등 불평등 완화를 위한 제도적 변화가 더딘 이유는 정치계급, 주류 종교세력 등 사회의 급격한 변화를 저지하기 위해 집권한 세력이 과거 정치적 독점 체제에서 성장한 부르주아 계급이기 때문이다. 최근의 저항운동에 이들이 등을 돌리는 이유는 바로 자신이 민중이 요구하는 개혁의 대상이기 때문이다. 지난 40여 년간 지속해 온 종속적인 축적체제가 낳은 이들 세력은 극단적인 불평등의 수혜자들이었다. 이런 의미에서 레바논, 이라크 등 중동의 약한 고리에서 분출하고 있는 민중의 요구는 '전쟁의 땅'에서 '불평등의 땅'이 된 중동의 변화에 정확히 조응한다.

3

낯설지 않은 아랍 청년의 현실

재테크하는 아랍 청년

최근 국내 한 언론은 중국 젊은층의 '금테크' 현상을 전했다. 2030 젊은 세대가 금으로 만든 액세서리 수집에 푹 빠졌다는 것이다. 중국 금 소비 백서에 따르면 2021년 금은방 손님의 75% 정도가 25~35세로, 젊은 세대가 큰손으로 부상했다.[1] 이 정도는 아니지만 아랍의 일부 청년도 재테크에 적극적이다. 정치적 불안정과 코로나19 팬데믹에 따른 불확실성을 배경으로 아랍 청년들 사이에서는 휴대폰 앱을 통한 재테크가 유행하고 있다. 현재 투자 컨설턴트로 일하고 있는 한 29세의 아랍 여성은 2년 전 자신이 태어난 레바논을 떠나 아랍에미리트연합에 정착하기 전만 해도 근로소득으로 삶을 꾸려나가야 한다는 생각만 하고 있었다. 당시 그의 주변 사람 누구나 그렇게

한 손에는 신용카드, 다른 손에는 휴대폰을 든 여성

생각하고 있었을 것이다. 그가 이주를 결심한 것은 조국 레바논이 2019년 말 이래로 초유의 경제위기와 금융위기를 겪었기 때문이다. 그런데 이제 이 청년은 IT 기술로 투자정보를 제공하는 앱을 적극적으로 활용하고 있다. 당연히 이전보다 저축, 투자 등 자산관리가 훨씬 쉬워졌다. 이것은 주식이나 코인에 몰두하는 한국 청년들을 떠올리게 한다.

코로나19 팬데믹은 새로운 기술에 힘입은 재테크의 부상을 촉진했다. 걸프만 산유국의 경우 팬데믹 초기 유가 급락으로 이전부터 시도해온 경제구조와 재정 수입원의 다변화 전략을 본격화했다. 국민의 입장에서 이것은 지금까지의 관대했던 복지제도가 더 이상 지속될 수 없음을 의미했다. 이제 현재와 미래의 생계를 감당하기 위한 더욱 적극적인 전략이 필요했다. 재테크 산업의 발전은 이러한 요구에 부합했다. 또한 감염병의 확산으로 일부 산업이 붕괴되고 일자리가 감소하면서 금융에 대한 보다 적극적인 태도가 나타났다. 개미 투자자들이 부상한 것이다. 두바이의 한 온라인 투자 금융회사 대표에 따르면, 2020년 일사분기부터 본인이 일하는 회사의 신규 계좌가 급속히 늘어났다. 그리고 신규 고객은 대부분 25~45세의 젊은층이라고 한다. 아랍에미리트연합의 푸자이라 국립은행에서 일하는 한 투자전문가는 "우리는 이제 겨우 시작했을 뿐"이라고 말한다. 온라인 플랫폼은 투자를 보다 쉽게 하고 투자관행을 바꾸는 역할을 하고 있다는 것이다.[2]

의외의 형상들

재테크에 몰두하는 중산층 청년의 모습은 기존 아랍 세계에 대한 논의 레퍼토리에 없던 것이다. 일자리 부족이나 궁핍한 생활로 분노를 표출하는 군중, 사우디 왕자같이 얼마 되지 않는 부호들, "알라는 위대하다"를 외치며 자신의 몸을 던지는 전사. 이러한 지배적인 이미지에 포함되지 않는 형상들을 몇 가지 더 찾아보자.

삼포세대나 오포세대는 지구 저편 아랍 세계에도 존재한다. 근대적인 사고의 확산과 함께 경제적인 어려움이 결혼과 출산을 늦추거나 포기하게 만들고 있다. 1960년대에는 18~20세에 결혼을 했다면 이제 이 연령은 예멘 등 일부 국가를 제외하면 27세 정도로 높아졌다. 참고로 유럽연합 회원국 국민의 평균 혼인 연령은 국가에 따라 차이가 커서 스웨덴은 34세, 프랑스는 32세이다. 이에 반해 동유럽 국가들은 대부분 30세 미만이다. 선진국과의 격차가 크게 줄어든 것이다. 실업이나 불안전 고용이 더 이상 일시적인 과정이 아니라 하나의 삶의 조건으로 정착된 것과 만혼 현상은 무관하지 않다. 혼인 비용에 대한 부담도 장애 요소다. 대부분 남성이 부담하는데 약혼식 반지, 결혼식 반지, 귀걸이, 예복 그리고 적어도 이틀 정도 이어지는 피로연의 음악 및 음식비용 등이 포함된다. 여성 역시 부모가 지참금을 준비해야 한다. 커플이 실업상태에 있거나 저임금 일자리를 가진 경우 이 비용을 충당하기 어렵다.[3] 게다가 결혼을 위해서는 자기 소유의 집이 있어야 한다는 관념이 여전히 강한 점도 결혼을 미루는 이유가 되고 있다.

결혼을 주저하는 것은 아이 계획을 미루는 양상을 동반한다. 중동·북아프리카 지역의 출산율은 2.8~2.9명 정도다. 이 수준은 10여 년 전부터 큰 변화 없이 유지되고 있다. 평균 출산율이 1.53명(2021년)인 유럽연합이나 0.7명 수준의 한국보다는 높은 편이지만 핵가족 모델이 대세가 된 것은 부인할 수 없다. 결혼 연령이 늦어짐과 동시에 학업 기간도 길어졌다. 대학이나 대학원 진학은 사회 진보의 산물이면서 동시에 사회진출이 어려워진 사회 상황에 의해 강요된 선택이기도 하다. 그리고 이러한 변화는 아동기에서 성인기로 이행하는 과정이 점점 더 길어짐을 의미한다. 성인기로의 이행은 두 단계로 진행된다. 학교에서 일자리로, 일자리에서 가족의 구성으로. 이 과정에서 경험하는 경제적인 어려움이 결혼을 미루게 한다.

그런데 이러한 가족구조의 변화가 가족 가치의 하락을 의미하는 것은 아니다. 고용의 안정성이 크게 침해된 것이 가족 구성을 가로막는 역할을 하지만 동시에 가족을 최후의 보루로 만들기도 한다. 일반적으로 아랍사회는 강한 부족 연대, 가족 연대를 지닌 것으로 평가된다. 그리고 이것을 아랍사회 전통의 산물로 간주한다. 그러나 강한 유대관계는 사회의 위기 속에서 나타나는 가족 가치의 부활이라는 보편적인 현상으로 해석할 수도 있다.

아랍사회에서 자녀에게 큰 가치를 부여하는 현상도 동일한 방식으로 설명될 수 있다. 특히 짧은 시간 안에 급격한 출산율 저하를 경험한 이 지역 국가들은 이전보다 희소해진 자녀에 더 큰 의미를 부여할 수 있다. 이러한 경향은 특정 지역에 국한된 현상이 아니다. 한국사회만 보더라도 저출산으로 희소해진 자녀가 가족 내에서 어떤 존재인지 잘 알 수 있다. 결혼, 출산, 양육이 자연스러운 현상에서 중대한 결심이 되는 보편적인 경향을 아랍사회에서도 확인할 수 있다.

종교성의 개인화도 아랍 청년들이 지닌 의외의 모습이다. 아랍사회나 이슬람 사회는 강한 종교성, 집단적인 종교성의 대명사다. 그런데 가족구조의 변화와 마찬가지로 세속화 현상도 이 지역을 피해 가지 않는다. 종교가 이 지역을 특징짓는 요인인 것은 종교성이 강하기 때문만은 아닐 것이다. 종교적 헌신성의 정도로 보면 한국이나 미국, 중남미 등 다른 지역도 크게 뒤떨어지지 않는다.

아랍 세계가 특별한 것은 유독 이 지역에서 종교가 정치성을 강하게 띠고 대표적인 이데올로기로 작용하며 시민사회를 장악하고 있기 때문이다. 그런데 2016~2017년, 프리드리히 에버트 재단Friedrich-Ebert-Stiftung이 중동·북아프리카 지역 8개국에 거주하는 청년을 대상으로 수행한 조사에 따르면 이들에게 종교는 정치적, 이데올로기적 목적과 큰 연관성을 가지지 않는 것으로 나타났다.[4] 이들에게 이제 종교는 개인적인 웰빙이나 수양의 측면이 강하다. 또한 경제력과 학력이 높은 계층이나 대도시에서 더 강한 종교성이 나타나는 것으로 조사됐다. 이는 이 지역의 종교성이 전근대적인 유산이라거나 빈곤과 배제의 산물일 것이라는 일반적 인식에 보다 신중해지길 요구한다.

청년들에게 놓인 극단적인 선택지들

경제학자 앨버트 허쉬만Albert Otto Hirschman이 제시한 이탈exit, 항의voice, 충성loyalty이라는 유형화를 아랍 청년에 적용해보면 이주, 저항, 순응의 형태를 찾을 수 있다. "떠날 것인가, 남을 것인가?"라는 한 경제학자의 논문 제목은 아랍 청년에게 주어진 선택지에 더 잘 부합하는 표현인 듯하다. 계급적 측면에서 보면, 의외로 이탈이나 항의는 상대적으로 여건이 나은 청년들의 것이다. 이주는 언어적, 경제적, 사회적 자본을 요구하며 저항 역시 상대적으로 높은 학력 수준과 경제 수준을 가진 이들이 주도한다. 체제에 순응하는 보수적인 태도는 역설적으로 무엇도 가지지 못한 자들의 선택지가 되는 경향이 있다. 심지어 저항운동의 수혜마저 균등하지 않다. 튀니지의 공공정책 전문가 지안 벤 야야는 튀니지 혁명의 실패를 청년층 내부의 격차에서 볼 수 있다고 진단한다. "모든 청년들이 같은 배를 탄 것은 아니었다. 시민사회에 적극적으로 참여한 이들은 혁명과 연관된 직업적인 기회를 얻을 수 있었다. 이들은 튀니지사회 개혁의 주체였다. 그러나 이러한 기회를 얻지 못한 이들은 환멸을 느낄 수 있다."[5]

2011년 영국에서 일어난 폭동에 대해 철학자 슬로보예 지젝Slavoj Žižek은 자기 파괴적인 폭력, 종교적 근본주의, '아랍의 봄'과 같은 저항행위[6]와 같은 유형을, 또는 조금 다른 식으로 아무런 요구 없는 저항, 절대적인 믿음에 근거한 저항, 그리고 고전적인 시민의 저항과 같은 유형을 제시하고 있다. 그리고 폭력에 의지한다는 것은 곧 무력함을 암묵적으로 시인하는 것이라고 말한다. 현재는 물론이고 앞으로도 일자리를 가질 전망이 불투명한 이들, 미래가 없는 이들이 비로소 이러한 유형의 저항과 폭력의 주체들이다. 논의의 배경이 주로 유럽과 중동이기도 해서 그가 제시한 형상들은 아랍 청년에 잘 부합한다.

이데올로기로서의 청년 담론

적어도 아랍 세계에서 청년은 단지 하나의 생애주기로서의 의미만을 지니지 않는다. 30%에 육박하는 청년실업 문제나 거리에서 좌절과 분노를 표출하는 청년의 모습은 해당 사회의 상태를 보여주는 바로미터 역할을 한다. 이때 청년 또는 청소년은 교육이나 주거, 일자리, 미래 등 무언가 결여된 존재이자 범죄나 집합행동을 유발하는 '위험한 계급'이라는 이미지를 가진다. 아랍 청년들은 두 개의 상반된 이미지로 표상된다. 한쪽에는 이슬람주의자나 테러리스트, 다른 한쪽에는 실업과 배제에 처한 무력한 존재가 있다.

외부세계가 이 지역의 청년을 언급할 때면 정치적 함의가 보다 명백해진다. 여성이 아랍사회의 후진성과 억압성을 상징하는 소재로 사용되어왔듯 청년은 위험과 비참함 그리고 암울한 미래를 강조하는 역할을 맡는다. 또한 청년은 여전히 누군가에게 종속된 존재로 여겨진다. 심지어 성인의 기준을 크게 넘어선 연령대의 시민도 청년이라 불리며 부모나 국가가 개입해야 하고 그래도 되는 존재로 간주한다.

어린 세대가 전체 인구에서 차지하는 높은 비중이나, 높은 실업률과 저항운동 간의 상관관계에 대한 과도한 언급은 성인 시민에 대한 개입의 근거로, 그리고 이미 독립한 지 두 세대 정도가 지난 나라에 '국제사회'가 개입하는 근거로 활용된다. 청년에 해당하는 연령대는 제각각이다. 한국에서는 14~29세, 15~29세, 19~29세, 19~34세, 20~39세, 2030세대 등으로 규정된다. 아랍 세계에서도 15~29세, 19~39세 등 통계에 따라 다양한 연령대를 의미한다. 질적인 면에서도 엄밀한 정의 없이 그때그때 다른 의미를 가진다. 이런 의미에서 피에르 부르디외Pierre Bourdieu는 '청년les jeunes'이 내용이 없는 그저 하나의 단어일 뿐이라고 했다.[7] 엄밀하지 않은 개념이면서도 정치 담론에서 큰 비중을 차지하는 개념이다.

오래된 현재

지금으로부터 20년 전 한 아랍 전문 학술지는 『아랍 청년: 도전과 기회』라는 특집호를 발간했다.[8] 당시 이러한 시도의 배경이 된 것은 아랍 세계의 인구변동이었다. 무엇보다도 한 세대 전인 1970년대 7~9명에 달했던 합계출산율이 2000년에는 평균 3.5명으로 크게 줄었다. 그리고 이러한 변화는 다른 많은 변화를 동반했다. 외부로부터의 석유수입에 크게 의존해온 지대국가rentier state 또는 지대 자본주의rentier capitalsm의 위기, 지역분쟁의 격화, 세계화와 같은 변화가 아랍 청년이 당면해야 했던 현실이었다. 가부장제의 위기와 세대갈등도 인구변동이 낳은 새로운 현상이었다. 이러한 변화가 아랍사회에 기회가 될지 부담이 될지 당시로선 알 수 없었다. 그리고 다시 한 세대가 지난 지금, 질문은 크게 변하지 않았다. 출구는 막혀 있고 기다리는 사회는 오지 않고 있다. 현재 이 지역을 특징짓는 청년의 이탈과 저항은 통합의 실패, 사회의 해체가 초래하는 전형적인 모습들이다.

　신자유주의, 정보화, 세계화의 맷돌이 아랍 청년들을 세계 어느 지역의 청년과도 크게 다르지 않게 만들고 있다. 이들이 보여주는 생경한 모습도 오랜 전통의 잔존이라기보다 전 지구적인 맷돌이 새로이 빚어내고 있는 생경한 결과인 측면이 크다. 이 글에서 언급된 대부분의 것들이 그런 것처럼 새로운 비참함이 지구 저편의 청년과 우리의 청년을 운명공동체로 만들고 있다. 세계자본주의의 구조적 한계에서 기인하는 비참의 한 축인 전쟁과 폭력에서는 차이가 있지만, 또 다른 축의 비참을 함께 공유하고 있는 것이다.

4 두뇌유출에 신음하는 모로코

"모든 재능있는 북아프리카의 기술자들에게 프랑스에서의 탄탄한 직업 경험을 제공하겠다." 프랑스의 한 기업이 북아프리카 현지에서 인재 영입을 하면서 내건 문구다. 출신 국가에서 실시되는 불어시험과 서류, 면접을 거쳐 영입된 모로코 청년들이 프랑스로 가는 티켓을 거머쥔다.

사회의 인프라와 미래를 위협하는 글로벌 인재 쟁탈전

아프리카 북단에서 서쪽으로 길게 뻗어있는, 우리에게는 아프리카인들이 스페인으로 가는 출발지로 더 익숙한 모로코가 요즘 IT 인력 등 인재 유출 방지에 고심하고 있다. 이는 모로코 경제에도 IT 기술이 중요함을 반증한다. 이 분야의 국내 수요는 다른 국가들과 마찬가지로 점점 늘어나는데 공급이 턱없이 부족한 것이다. 인력양성이 제대로 되지 않는 교육의 문제도 있지만 어렵게 양성된 청년들의 해외 이주가 인력 부족 문제를 더 심화시키고 있다.

모로코의 경우 현재 매년 600~800명 정도의 기술자와 300~500명 정도의 의사가 해외로 이주한다고 한다. 매년 1,400명 정도의 의사가 배출되는데 그중 절반 정도가 프랑스, 캐나다 등 불어권 국가나 다른 유럽 국가로 이주할 정도다. 2021년 1월 카사블랑카 의약학대학 졸업반 학생 251명을 대상으로 실시된 조사에 따르면 이들 중 70.1%가 학업을 마친 후 모로코를 떠날 것이라고 답했다. 같은 해 6월에 발표된 한 보고서에 따르면 7천 명 이상의 의사들이 2년 내에 모로코를 떠날 것이라고도 했다. 2018년에는 그 숫자가 603명이었다는 점에서 최근 모로코 의사들의 상황이 나빠졌고 역으로 선진국의 구애는 더 커졌다고 추정할 수 있다. 이렇게 의사들의 유출이 심해지면 자국 내 의료여건이 악화되는 것은 불 보듯 뻔한 일이다. 최근 조사에 따르면 모로코는 3만 명의 의사, 그리고 6만 명의 간호사 및 다른 보건의료 인력이 부족한 것으로 드러났다.[1] 보건의료인들만이 아니다. 건축설계사, 빅데이터 전문가, 개발자 등 고등교육을 받는 대부분 직종의 모로코인들이 조국을 등지는 선택의 기로에 서게 된다.

이러한 선택을 하게 되는 이유를 짐작하는 것은 어렵지 않다. 발전국으로의 이주가 본인과 가족들에게 더 나은 조건을 제공할 수 있다고 판단하기 때문이다. 또한 1인당 GDP가 8,143달러로 프랑스의 1/5에 불과한 나라의 청년 인재가 느끼는 박탈감과 선망은 충분히 이해될 만한 것이다. 이들의 선택에는 가고자 하는 나라와의 지리적, 역사적 관계가 영향을 미치지만 인재를 끌어들이려는 유럽 및 북미의 이민정책도 한몫한다. 프랑스의 경우 체류증 발급을 보다 쉽게 하는 '프렌치 테크 비자' 제도가 모로코, 알제리 등 북아프리카 인재 유치를 가속화시켰다.

2022년 인적 자원 경쟁력Global Talent Competitiveness 조사 종합 순위

순위	국가	지역
91	튀니지	북이프리가 및 서이시아
92	스리랑카	중앙아시아 및 남아시아
93	볼리비아	라틴아메리카 및 카리브해
94	감비아	사하라 이남 아프리카
95	가나	사하라 이남 아프리카
96	모로코	북아프리카 및 서아시아
97	케냐	사하라 이남 아프리카
98	엘살바도르	라틴아메리카 및 카리브해
99	라오스	동아시아, 동남아시아 및 오세아니아
100	에스와티니	사하라 이남 아프리카
101	인도	중앙아시아 및 남아시아
102	잠비아	사하라 이남 아프리카
103	캄보디아	동아시아, 동남아시아 및 오세아니아
104	알제리	북아프리카 및 서아시아

출처: The Global Talent Competitiveness Index 2022. 참고로 105~133위에 속한 국가들은 모두 사하라 이남 아프리카에 속한 국가들이다.

인재를 빼앗기는 나라

'관리직cadre'에 해당하는 이들을 자국에 붙잡아 둘 수 있는 능력을 측정하는 '인적 자원 경쟁력Global Talent Competitiveness'의 2022년 조사결과는 '두뇌유출 brain drain' 현상의 심각성을 잘 보여준다. 매년 시행되는 이 조사에서 모로코는 조사대상 134개 국가 중 96위로 알제리(98위)와 함께 하위권에 머물렀다. 주로 '사하라 이남 아프리카' 지역 국가들이 포진해 있는 91위부터 133위까지의 최하위 그룹 중 '북아프리카 및 서아시아' 지역에 속한 국가는 튀니지, 모로코, 알제리 등 모두 북아프리카 국가들이었고 서아시아, 즉 중동에 속한 국가는 하나도 없었다. 프랑스 식민지였던 북아프리카 지역의 두뇌유출 현상이 특히 심각하다는 것을 알 수 있다. 이 조사가 다룬 세부 항목 중 '두뇌유치brain gain', 즉 외국으로부터 인재를 들여오는 정도를 묻는 항목에서 조사대상 국가 133개 나라 중 최하위인 공동 130위를 기록했다. 자료제공을 하지 않은 결과이기는 하지만 119위의 튀니지, 107위의 알제리와 함께 북아프리카 3국이 인재 유출 현상이 심각함을 알 수 있다. 한국은 59위였다. 역으로 '두뇌유지brain retention', 즉 인재를 자국에 묶어두는 정도를 묻는 항목에서 모로코는 84위를 기록해 113위의 튀니지나 117위의 알제리보다는 선전했다. 직전 2021년에는 95위였다.[2]

모로코의 인구는 약 3,700만으로 이 나라 출신 500만 명 이상이 해외에 거주하고 있다. 5천 만 인구에 약 730만이 재외동포인 이 분야 최상위권 한국과 유사한 비율이다. 그리고 전세계적인 경향이지만 이제는 모로코인의 국제이주에서도 숙련노동자와 전문직 종사자들의 비중이 늘어나는 추세이다. 파리 근교의 르노나 푸조 자동차 공장에 고용된 고전적인 이주민의 이미지는 흐릿해지고 유학생, 의사, 기술자와 같은 보다 숙련도나 기술 수준이 높은 이들이 선배들을 대체하고 있다. 한국에서는 '우수 외국인재', 일본에서는 '고도인재'로 지칭되는, 전문성을 갖춘 외국 인력에 대한 수요는 꾸준하다. 이유는 간단하다. 고급 인력을 필요로 하는 산업구조와 그에 부응하는 인력을 공급하기 어려운 인구구조 간 괴리를 겪는 발전국의 사정 때문이다. 문제는 국가 간 산업구조의 차이가 커서 각국이 필요로 하는 인재가 상당히 달랐던 과거와 달리 현재의 세계는 저발전국이라도 첨단기술에 대한 수요가 적지 않아 자국에서도 IT나 AI 기술자들을 필요로 한다는 점이다. 중동이나 아프리카를 떠나는 전문인력이 잉여 노동력이 아니라는 점에서 이러한 인력 교환은 상호보완적인 것이 아니다. 물론 대학이나 연구소, 관련 기업이 부족해 일자리를 찾기 힘들거나 임금이 낮은 측면이 있지만 자국 역시 의료 인력이 부족하고 과학기술 영역의 발전이 절실하다. 인재를 데려가는 강대국들이 이러한 현지 사정이나 해당 국가의 미래에 대해 생각할 리 없다.

두뇌유출의 긍정적인 면도 있다. 송금을 통해 출신 국가에 재정적으로 기여하며, 출신 국가의 인적 자원을 풍부하게 하고 선진 기술을 이전하는 역할을 한다. 양국 간의 인적 연결망을 형성하고 문화 교류의 매개체가 되기도 한다. 그러나 '유출'이라는 용어 자체가 그렇듯이 실제 현실은 부정적인 면이 더 크다고 할 수 있다. 이 글에서 다루는 모로코의 경우에도 두뇌유출이 막대한 경제적 손실을 가져오고 있다. 2018년부터 2022년까지 5년 동안 8천 명의 모로코인 의사들이 프랑스로 떠났고 적지 않은 의사들이 캐나다, 독일 등을 선택했다. 의료 분야 하나만 해도 두뇌 유출은 모로코 GDP를 0.1~0.25% 낮추는 결과를 낳았다고 한다. 이는 과거 사우디아라비아, 녹일 등지로의 이주가 당시 한국경제의 고성장에 기여했던 것과는 정반대의 양상이다. 교포들의 송금이 주는 긍정적인 기능보다 인재 유출로 인한 경제적 손실이 훨씬 더 크게 작용하는 것이다. 경제적인 면보다 그 영향이 더 명확하게 나타나는 것은 사회적인 측면이다. 회수되지 못하는 국가의 교육투자 비용, 재정수입 손실, 의료나 교육 분야 등에서의 인력 부족에 따른 손실 등 사회 전반에 큰 타격을 가져오고 있다.

두뇌유출이라는 유령의 귀환

두뇌유출은 우리에게 익숙한 요인들이 낳은 현상이다. 경제위기와 발전의 실패, 그리고 이를 빌미로 강요된 국제금융기구의 구조조정, 그리고 이 구조조정이 다시 상황을 더 악화시키고 그 결과 임금과 구매력이 하락하고, 게다가 자국 통화의 가치가 하락하고 그래서 심한 인플레를 겪게 되고, 세계화로 인해 자국시장이 개방되면서 기존 산업과 일자리가 더 이상 버틸 수 없게 되는 것이다. 물론 두뇌유출 문제는 이제 저발전국이나 개발도상국에 국한된 문제가 아니다. 예를 들어 이 글에서 다루는 모로코로부터 인재를 빼가는 프랑스조차 매년 수만 명의 고급 인력이 더 나은 조건을 찾아 나선다.

우리는 국제이주에 우호적인 시각에 익숙해져 있다. 그런데 현실은 보다 복잡하다. 두뇌유출이라는 개념 자체가 이러한 문제의식을 담고 있다. 인재 영입, 인력 수급 등의 용어와 달리 인재 감소를 걱정하는 이민 송출국의 입장이 반영된 개념이다. 그런데 최근에는 거의 입에 올리지 않는다. 세계화와 개방화를 배경으로 시대착오적인 개념으로 느껴지기도 한다. 점점 더 많은 나라들이 경제적, 정치군사적으로 어려움을 겪는 상황에서 더 나은 기회를 찾아 떠나는 이들을 응원하게 됐고 이들의 이동은 용기 있는 선택이고 환영받아야 하는 것으로 여겨졌다.

현재 유럽 등 이민자들을 많이 받아들이는 국가가 펼치는 이민정책의 주된 경향 중 하나는 '유용한 이민'이다. 이 접근방식 역시 두뇌유출이라는 문제의식을 무디게 하는 데 일조했다. 쓰임새가 큰 이들을 찾고 역으로 사회에 부담이 되는 이들의 유입을 꺼려하는 것은 납득할 수 있는 정책으로 받아들여진다. 물론 한국 등 세계 각지로 청년을 떠나보내는 중국 조선동포 사회의 붕괴에 대한 우려와 같이 경고음이 들리기도 한다. 꽤나 잘 사는 한국의 경우에도 미국으로 유학을 떠난 공학도들이 학업을 마친 후 귀환하지 않는 경우가 늘어나는 것에 우려를 표하기도 한다. 이러한 사례는 '유용한 이민'이라는 관념이 우리를 포함해 어떤 사회에는 해가 될 수 있다는 것을 알려준다.

이민정책에는 '선택된 이민'이라는 용어도 사용된다. 이에 대비되는 일반적인 이민이 이주민을 받아들이는 국가의 필요가 아니라 이주민 자신의 필요에 의해 이동하는 것이고, 수용국은 인도주의적인 차원에서 이들을 받아들이고 있다는 것을 전제하고 있다. 물론 이것이 명백한 사실은 아니다. 미숙련 노동자나 결혼이민자의 이주도 해당 직종이나 선진국 가정의 수요에 따라 이루어지는 '선택된' 이민이다. 그리고 그 숫자도, 유입 과정도 이들을 선택한 나라의 철저한 관리를 받는다. 가족합류이민이나 난민 정도가 보다 인도주의적인 차원에서 받아들이는 이민의 형태일텐데, 그래서 매우 까다로운 조건을 내걸고 쉽게 받아주지 않는다. 어쨌든 일반 이민보다도 더 선택된 형태의 이민이 선진국들이 시행하는 이민정책의 기조가 된 지 오래됐고 이주민을 받아들인 역사가 짧은 한국도 이미 10여 년 전부터 이 추세를 따르고 있다.

'유출'이라는 일상에서 잘 쓰이지 않는 단어를 접하니 문화재 유출, 비밀 유출 등의 표현이 떠오른다. 자발적이고 능동적인 선택보다 외부로부터 빼내어지는 것을 의미한다. 영어로도 두뇌를 '유출drain'한다는 것은 이러한 의미를 가진다. 제국주의 시대가 떠오른다. 쌀이나 광물자원부터 노예, 쿨리(선대제 계약노동자), 제국주의 전쟁에 동원됐던 용병이나 위안부에 이르기까지 물적, 인적 자원을 도적질한 역사의 연장선상에 있는 것이다. 그때만큼 강제적이고 폭력적이지는 않지만 고국을 떠나게 만드는 현재 자본주의 체제의 모습을 생각하면 다르다고 말하기도 어렵다. 현지에서 인재를 입도 선매하는 강대국 기업들의 모습은 노예상인의 모습을 떠올리게 한다. 그것이 이루어지는 공간이 아프리카일 경우에는 더더욱 그러하다. 아프리카에선 3세기 넘게 2천만 명 이상의 청년들이 노예로 유출됐다. 이로 인해 아프리카가 겪은 발전 동력의 상실은 전문인재의 유출로 신음하는 지금 북아프리카의 모습이기도 하다.

한국도 인구감소에 대한 대응책의 일환으로 국제이주민을 늘리는 방안을 검토하고 있다. 한국으로의 이주를 원하는 이들의 사정을 고려하는 것이 아니라, 한국의 인력 수급을 위한 것인 만큼 이들에 대한 한국사회의 수요가 이민정책의 가장 중요한 고려요인일 것이다. 유학생이 학업을 마친 후 한국에 남아있게 하는 방안, 한국에서의 노동경험을 통해 숙련된 이주민에게 반영구적인 체류를 허용해 활용하는 방안, 아예 현행 외국인력도입 정책을 근본적으로 수정해 전문성을 갖춘 인력에게 유리한 조건을 제공함으로써 한국에 오게 하는 방안도 강구되고 있다.

그런데 그 이면에는 미등록외국인의 수를 줄이고 농축산업 분야의 경우처럼 미숙련노동자들을 초단기적으로 활용한다거나 돌봄 분야와 같이 서비스노동자들을 낮은 임금을 주고 고용하는 등의 정반대의 경향이 존재한다. 한쪽에선 그때그때 쓰고 버리는 성격이 더 강해지는 것이다. 노동력이 필요해 도입했는데, 온 것은 노동력만이 아니라 인간이었다는 말이 있다. 인간에게서 그 일부인 노동 능력을 떼어내어 그것만 수입하고 그것에 대해서만 보상을 해서는 안 된다. '상품'이 되어서는 안 되는 인간 상품의 특성 때문이다. 노동력의 가치에도 미치지 못하는 임금을 받는, 즉 노동력과 노예 사이 어디쯤 되는, 산업연수생이라는 이름으로 존재한 적이 있는 이주민의 형태가 한국 인재 영입정책의 그늘에 존재하고 있다.

당사자주의와 연대라는 대안

어떤 아쉬움도 없이 자신이 태어나 살고 있는 나라를 떠나는 사람은 없다. 오직 물질적인 조건에 좌우되는 그런 냉혹하고 계산적인 인간을 찾기는 어려울 것이다. 자신이 살던 곳에서 살 수 있다면 웬만하면 떠나지 않을 것이다. 이것은 모든 인간에게 적용될 수 있다. 아무리 못사는 아프리카나 남아시아의 사람들도 어느 정도의 여건만 갖추어지면 고국을 떠나려 하지 않는다. 인간의 삶에는 경제적 요인 이외에도 중요한 것들이 많기 때문이다. 그런데도 떠나는 것은 그럴 만한 사정이 있는 것이다. 이런 점을 생각하면 다른 나라로 가는 이들의 선택은 매우 무거운 결정이며 생존의 위협에 놓인 이들이 하는 지극히 인간적인 행위다. 따라서 보다 좋은 조건에 있는 이들에 해당되는 두뇌유출 현상에 대해서도 국익 차원의 논의 못지않게 당사자들의 입장에서 바라보아야 한다.

한국인들이 그들의 출신 국가의 국익이나 발전까지 사고하는 것은 매우 낯선 일일 테다. 유럽 국가들의 이민정책에 대한 비판 중 하나는 소위 '황금의 30년(1945~1975년)' 시대에 존재했던 제3세계와의 연대라는 관점이 부재하다는 지적이다. 이제 우리도 이민문제를 논의할 때, 단순한 경제적 논리나 국익을 넘어 이주민들의 출신 국가와의 연대를 고려해야 할 것이다. 균형 잡힌 시각이 필요하다. 우리는 점점 더 국경 없는 세상으로 가고 있다. 그래서 사람의 이동은 이 시대에 부합하는 현상으로 인정해야 한다. 이동의 자유, 국가나 민족의 틀을 넘어서는 것은 이 시대의 가치이다. 다만 진보라고 볼 수 있는 이 과정이 야만의 모습을 띠어서는 안될 것이다. 이동의 자유가 인적 자원의 일방적이고 비가역적인 유출이 아니라 순환의 형태를 띠는 것을 생각해볼 수 있다. 선진국에 체류하면서 경험을 쌓고 다시 본국에 돌아와 사회에 기여하는 것이다. 유학, 기술연수와 같은 용어들이 이러한 의미를 담고 있었다. 그러나 현실은 점점 더 귀환을 어렵게 하고 있다. 따라서 유출을 방지하는 보호장치와 함께 귀환을 용이하게 하는 조건을 만들어야 한다.

1. 중동의 아프리카화와 그 결과

1 "Sadowski Describes the Africanization of the Middle East", The Central European University, 2014.11.27. https://spp.ceu.edu/article/2014-11-27/sadowski-describes-africanization-middle-east, 2019.1.24. 검색.

2 "Yemen crisis: 85,000 children 'dead from malnutrition'", BBC, 2018.11.21. https://www.bbc.com/news/world-middle-east-46261983, 2019.1.27. 검색.

3 "Yemen ceasefire: new UN resolution seeks to save agreement", *The Guardian*, 2019.1.16.

4 "The Global Slavery Index 2018", 2018.7.20. https://reliefweb.int/report/world/global-slavery-index-2018, 2019.1.24. 검색.

5 엄한진, 2018, 「한국과 아랍의 정체성 논의 비교」, 『지역사회학』 19권 3호, 186-187쪽.

2. 불평등의 새로운 상징, 중동: "가난이 모든 가정에 들어왔다"

1 https://www.yomkom.com/2022/12/10/controle-capitaux-liban/

2 Jenny Lafond Saleh, "Au Liban, «la pauvreté entre dans tous les foyers»", *La Croix*, 2020.1.17. https://www.la-croix.com/Monde/Moyen-Orient/Au-Liban-pauvrete-entre-tous-foyers-2020-01-17-1201072339, 2020.5.22. 검색.

3 Aziz Atamanov & Sharad Tandon, "Measuring regional poverty in MENA: Update and remaining challenges", World Bank Blogs, 2018.11.27. https://blogs.worldbank.org/fr/arabvoices/measuring-regional-poverty-mena-update-and-remaining-challenges, 2020.5.22. 검색.

4 Lydia Assouad, 2018, "Le Proche-Orient, région la plus inégalitaire au monde", *Orient* XXI.

5   "Inégalités dans le monde arabe : passer de la rente à l'impôt", *Portail FinDev*, 2018.2.16. https://ideas4development.org/inegalites-monde-arabe-rente-impot/, 2020.5.22. 검색.

3. 낯설지 않은 아랍 청년의 현실

1   "올해 금은방 손님 75%가 2030 … 중, '금테크' 열풍", SBS, 2021.12.16. https://news.v.daum.net/v/20211216173014556?s=tv_news, 2021.12.16. 검색.

2   "Dans le monde arabe, les "fintechs" ont le vent en poupe auprès des jeunes", *Notre temps*, 2021.12.12. https://www.notretemps.com/depeches/dans-le-monde-arabe-les-fintechs-ont-le-vent-en-poupe-aupres-des-jeunes-42610, 2021.12.14. 검색.

3   Stefano Pontiggia, 2020, "Tents and rails: 'Young people' of southern Tunisia between unemployment, waiting and protest", *Ateliers d'anthropologie*, No.47: 8.

4   Friedrich-Ebert-Stiftung, 2018, *Coping with Uncertainty: Young People in the Middle East and North Africa*, MENA Youth Study.

5   Wassila Belhacine, "Ils avaient entre 16 et 19 ans pendant le «printemps arabe» en Tunisie, ils témoignent dix ans plus tard", *L'OBS*, 2020.12.17. https://www.nouvelobs.com/monde/20201217.OBS37671/ils-avaient-entre-16-et-19-ans-pendant-le-printemps-arabe-en-tunisie-ils-temoignent-dix-ans-plus-tard.html, 2020.12.18. 검색.

6   슬로보예 지젝, 2012, 『멈춰라, 생각하라』(주성우 옮김), 미래엔, 120쪽.

7   Pierre Bourdieu, 1980, *Questions de sociologie*, Éditions de Minuit, pp.143-154.

8   Philippe Fargues, 2001, "Jeunesse du monde arabe: défis et opportunités", *Monde arabe Maghreb-Machrek*, Vol. 171-172, La Documentation française.

4. 두뇌유출에 신음하는 모로코

1   "Fuite des cerveaux : Exode des futurs médecins à l'étranger", *L'Opinion*, 2022.8.23. https://www.lopinion.ma/Fuite-des-cerveaux-Exode-des-futurs-medecins-a-l-etranger_a30675.html, 2023.5.21. 검색.

2   Bruno Lanvin & Felipe Monteiro(Ed), *The Global Talent Competitiveness Index 2022*.

갈라진 사회

●

1 아랍인들의 증오가 향하는 곳

비동맹노선의 유산

"왜 아랍국가들은 우크라이나 전쟁에서 미국 편에 서지 않는가?"

2022년 4월 7일 유엔 인권위원회가 러시아를 퇴출하는 결의안을 통과시켰다. 그러나 러시아의 침공을 규탄하고 인도주의적인 위기의 책임을 묻는 이전 두 번의 표결과 달리 이번에는 다소 힘겹게 통과됐다. 총 175개국이 참여한 표결에서 찬성표가 93, 반대표가 24였고 58개국이 기권했다. 이러한 결과는 러시아를 비난하는 국제사회의 공조에 금이 가고 있는 것으로 평가됐다.

아랍 세계 역시 이러한 분위기를 만드는 데 한몫했다. 상대적으로 러시아와 가까웠던 알제리와 이란은 반대표를 던졌고 전통적으로 미국과 우호적인 관계를 보여온 튀니지, 이집트, 심지어 사우디아라비아, 아랍에미리트연합, 카타르와 같은 걸프만 산유국들도 표결에 참여하지 않았다. 걸프협력회의 회원국들이 보여준 의외의 선택은 바이든 행정부에서 달라진 중동정책이 영향을 미친 것으로 평가된다. 대선 후보 시절부터 바이든은 사우디가 예멘에서 벌이고 있는 전쟁에 유보적인 태도를 보였다. 또한 석유수출국기구OPEC의 핵심 국가들인 사우디와 러시아는 석유 증산 거부에 보조를 맞추고 있다. 이집트에서는 군부 출신 엘 시시 정권이 러시아와의 관계를 강화하는 등 외교관계의 다변화를 꾀했다. 전통적으로 친미 성향을 보여온 튀니지 역시 최근 이슬람주의자들과 권력투쟁을 벌이고 있는 카이스 사이에드Kais Saied 대통령의 노선에 미국이 노조의 권리 등을 거론하며 비판적 입장을 보여 내정간섭이라는 반발이 일었다.

우크라이나 전쟁을 대하는 아랍 국가들의 흥미로운 태도에는 이러한 상황적인 요인과 함께 러시아나 미국과의 관계, 그리고 전쟁에 대한 입장이 반영되어 있다. 이집트, 알제리 등 전통적으로 소련 및 러시아와 우호적인 관계를 맺어온 나라들이 있으며, 미국과 가깝지만 그렇다고 러시아에 등을 돌리지 않으려는 나라들도 여럿 있다. 매우 유동적인 외교관계를 고려할 때 조심스럽기는 하지만 이번 표결은 냉전 시절 미국과 소련 어느 진영에도 속하지 않으려 했던 비동맹노선의 핵심인 중동 및 북아프리카 지역의 전통이 완전히 사라지지 않았음을 보여준 것으로 볼 수 있다.

이들의 신중한 태도는 전쟁에 대한 아랍 세계의 고유한 감수성 때문일 수도 있다. 아랍 민중, 그리고 정권 또한 미국과 러시아 중 어느 한쪽을 택하는 문제만큼 전쟁이 초래하는 피해에 관심이 크다. 21세기 내내 어딘가에서는 전쟁이 있었던 중동은 전쟁으로 인한 민중과 사회 전체의 고통에 민감한 것이다. 이러한 배경에서, 그리고 지리적인 요인이 더해져서 확전이나 핵전쟁 등에 대한 우려가 크다고 할 수 있다. 아랍인들은 그들이 처한 조건을 통해 우크라이나인들과의 연대만큼 반전 역시 절대적으로 견지해야 할 원칙이라는 것을 깨닫고 있다. 푸틴과 같은 외국의 압제자만이 아니라 이를 제압한다는 명분으로 벌어지는 전쟁에도 반대해야 하는 것이다.[1]

아랍인들의 입장에서 우크라이나인들이 겪는 고통은 수년 또는 수십 년간 자신이나 이웃이 겪어온 것이다. 이러한 공감이 반전의 동력이 되기도 하지만, 동시에 국제사회의 균형잡힌 시각을 요구하기도 한다. 즉 우크라이나를 향한 연대의 열기가 아랍 등 세계 다른 지역의 상황에도 적용됐으면 하는 아쉬움과 바람이 있는 것이다. 특히 유럽으로 몸을 피하는 우크

화염에 싸인 미국 국기

라이나인들에게 국제사회가 보여주는 지지가 세계 다른 지역에서 동일한 고통을 겪고 있는 이들, 특히 유럽으로 향하는 난민에도 동일하게 적용되기를 바라는 것이다.

○○에게 죽음을

아랍 세계 하면 떠오르는 이미지를 생각하면 미국에 맹종하지 않는 것이 그리 이상할 것도 없다. "○○에게 죽음을", 이것은 중동을 상징하는 표현 중 하나이다. "이교도에게 죽음을", "(금기를 깨고 알 아크사 사원을 방문한 전 이스라엘 총리) 아리엘 샤론에게 죽음을", "(그의 소설 『악마의 시The Satanic Verses』가 이슬람을 모독했다는 혐의를 받았던) 살만 루슈디Salman Rushdie에게 죽음을". 그리고 가장 익숙한 사례는 아마도 "미국에 죽음을"일 것이다.

　위로부터의 친미화 경향에서 여전히 아랍 세계에 강한 반미 정서가 존재하는 것은 팔레스타인 문제 해결이 지지부진했던 것, 미국이 이라크에서 보여준 모습과 같은 배경 때문이다. 보다 직접적으로는 아프가니스탄, 이라크, 파키스탄, 사우디아라비아 등에 미군이 주둔하며 군사적인 갈등을 심화시키는 것이 대중적인 반미주의를 유지하는 핵심 요인일 것이다.

　미국이 이러한 반감의 유일한 대상은 아니다. 영국이나 프랑스 등 전통적인 관련 국가뿐 아니라 중동 문제에 상당한 지분을 가진 독일 역시 새롭게 증오의 대상이 됐다. 이제는 독일 국기가 불타는 장면도 어렵지 않게 볼 수 있다. 그럼에도 불구하고 중동의 반서구는 주로 반미를 의미한다. 그리고 미국에 대한 반감의 이면에는 소련, 그리고 이제는 러시아가 된 북쪽 지역과의 상대적으로 밀접한 관계가 존재한다.

아랍의 봄도 미국에 대한 태도를 긍정적으로 바꾸지는 못한 것 같다. '중동 민주화'를 표방하며 아랍의 봄을 지지했던 미국이 좋은 평가를 받지 못하고 있는 것이다. 기대를 불러일으켰던 버락 오바마의 당선도 미국에 대한 이미지를 개선하지 못했다. 오히려 그가 당선 전부터 강조했던 새로운 중동정책이 성과를 내지 못한 것이 미국에 대한 일말의 기대마저 꺾게 만드는 역할을 했다.

아랍인들의 증오는 이들에 대한 미국 등 외부세계의 반감과 쌍을 이루고 있다. 일례로 2021년 8월 26일, 아프가니스탄 카불 공항 테러로 13명의 미군 병사가 사망한 사건은 미국사회에 아랍인 혐오 현상을 야기했다. 당시 미국인들은 "당신네 나라로 돌아가시오!"를 외치며 아랍계 미국인에 위협을 가했다. 이러한 반아랍 정서의 시발점은 9·11테러였다. 이 비극이 정당하게 기억되는 것이 불행하게도 미국에 거주하는 아랍인들에 대한 거부감을 주기적으로 환기시키는 역할을 했다. 물론 이러한 증오는 환상에 기댄 것이다. 공공장소에서 코란을 불태우는 등 반이슬람 행위들이 일어나지만 정작 아랍계 미국인의 과반수는 기독교인이다. 아랍인들이 세속적인 미국의 법이 아닌 이슬람법을 따른다는 등의 이야기들은 전혀 현실에 부합하지 않는다. 최근 프랑스 대선에서도 집권 문턱에까지 간 극우 세력들은 다시 한번 반이민 정서를 잘 우려먹었다. 특히 화제를 몰고 다닌 극우파 대선 후보 에릭 제무르Éric Zemmour는 아랍과 이슬람으로부터 프랑스를 지켜내자는 애국주의로 유권자들을 사로잡았다. 반이슬람 경향이 표로 전환되고 있는 것이다.

외부의 적에서 내부의 희생양으로

'증오의 전시장'은 지역분쟁의 대명사인 중동에게 어울리는 또 하나의 표현일 것이다. 수년전 IS가 보여준 행태는 증오가 전방위적으로 나타나는 이 지역의 현실을 극단적으로 보여준 사례였다. 기독교 또는 제국주의 세력으로서의 서구나 정교분리주의적인 정권 등 고전적인 적들뿐 아니라 자신의 기준에 부합하지 않는 다양한 사회집단에 증오를 표출했다. 증오가 확산되어 있는 만큼 그 강도도 강하다. 죽이고자 할 만큼, 자신의 목숨을 버릴 수 있을 만큼 강하고 뿌리 깊은 증오가 존재하는 것이다. 근본적으로, 태생적으로 다른 집단에 속한다고 생각하는 이들을 이해하고 연대하는 것은 불가능에 가깝다. 적어도 현재 중동 지역에서는 그렇다.

외부의 지배자, 내부의 지배자, 내부의 소수자. 아랍인들의 증오가 향하는 곳을 이렇게 구분해본다. 외부의 지배자에 대해서는 증오나 적대감이, 내부의 지배자에 대해서는 분노가, 내부의 소수자에게는 혐오나 증오가 좀 더 잘 어울리는 한국어 표현일 것이다. 조심스럽지만 증오의 대상이 외부에서 내부로 이전되는 경향을 생각해 볼 수 있다. 이슬람주의가 이교도들의 세계가 아닌 이슬람 사회 내부를 비판하는 것으로 노선전환을 한 것이 대표적인 사례일 것이다. 1950~60년대 무슬림형제단의 지도자로 활동했던 사이드 쿠틉Sayyid Qutb은 이집트 사회 전체가 자힐리야jahiliyyah, 즉 신의 뜻에 따르지 않는 상태에 있다고 간주했다. 이슬람의 가르침을 존중하지 않는 통치자는 정당한 전쟁, 즉 지하드의 대상이 되는 것이다. 물론, 이후 이집트의 무슬림형제단은 정권과 체제를 용인하고 제도권 정치에 진입하게 된다. 자힐리야로 규정했던 이집트 정치체제를 인정하는 또 한번의 노선전환으로 이집트 제1의 야권세력으로 자리 잡게 된 것이다. 그리고 이러한 행보는 이슬람주의 진영의 모델이 된다.

증오가 같은 아랍인을 향하기도 한다. 예멘을 초토화하는 아랍 연합군의 적대감은 유럽이나 미국에 대한 것보다 약하지 않다. 이제는 형제애와 상반되는 감정을 보여주는 사례를 찾는 것이 어렵지 않다. 다른 한편으로는 내부의 소수자에 대한 증오가 중요한 부분을 차지하게 됐다. 콥트교, 시아파와 같은 종교적 소수집단이나 쿠르드인, 투르크멘인, 아르메니아인, 아시리아인 등이 공격의 대상이 됐다. 역설적으로 시민의 연대를 동력으로 한 아랍의 봄이 이들 소수집단에 대한 증오를 격화시키는 의도치 않은 결과를 낳기도 했다.

"독재자에게 죽음을" 아랍의 봄은 죽음의 저주를 받는 새로운 대상을 창출했다. 아랍의 봄은 미국이나 이스라엘 등을 향했던 증오가 자유와 민주주의의 요구로 이전되는 양상을 낳았다. 2011년 이후 지속되고 있는 아랍 민중의 저항을 촉발한 분노는 정치계급을 중심으로 한 기득권 세력에 대한 증오를 반영한 것이다. 그리고 이러한 흐름 속에서 여성 등 소수자의 현실에 대한 문제 제기도 본격화했다. 여성을 향한 적대적인 감정 역시 열등하고 불결한 것으로 여기는 것과 함께 두려움, 질투 등을 담고 있다는 점에서 증오라는 표현을 쓰는 것도 무방할 것이다. 다른 민족에 속한 사람을 단지 그 이유만으로 부족한 존재로 간주하고 차별과 폭력을 가하는 것을 증오라고 표현할 수 있고, 아이들을 학대하고 방치하고 착취하는 것을 증오라고 말할 수 있듯이, 여성의 신체에 제약과 폭력을 가하고 훼손하는 것은 증오의 징표로 간주할 수 있는 것이다.

외세를 암시하는 소수자들

아랍 세계 증오 현상의 특징으로 국제정치의 비중이 크다는 점을 들 수 있다. 우리는 종종 아랍인들이 세계를 상대하는 것 같은 인상을 받는다. 소수민족이나 사회적인 의미의 소수자들에 대한 증오의 근거 중 하나도 외부세계, 특히 제국주의 세력과의 관계였다. 한국에서 기지촌 여성들에 대한 멸시와 혐오의 주된 배경이 바로 미국에 대한 심리적인 열등감, 피해의식이었던 것을 떠올릴 수 있겠다.[2] 미국과의 관계에서 경험한 열패감과 모멸감이 같은 민족 중 일부에게 희생양처럼 전가됐던 것이다.

　여성의 상당수가 할례를 강요받고, 비판적인 목소리를 냈다는 이유로 처녀성 검사를 받고, 남편의 폭력이 '선의에 의한 것'이라면 처벌을 받지 않고, 여행을 가기 위해 남편의 허락을 받아야 하고, 남성 후견인의 허락 없이는 결혼이나 이혼을 할 수 없는 사회에서 페미니즘은 더 이상 다른 대의에 희생될 수 없다. 그런데 난점이 존재한다. 아랍 세계에서 여성의 입장을 대변하는 활동이 서구적인 것으로 간주되기도 하는 것이다. 식민지 시대부터 페미니즘은 '트로이의 목마'로 묘사되는 등 제국주의의 도구로 인식되는 경향이 있었다. 식민지 페미니즘colonial feminism이라는 용어가 이러한 딜레마를 함축하고 있다. 성소수자 문제도 이들을 옹호하는 것이 강대국의 제국주의적 기획의 일환으로 비판받을 수 있다는 어려움이 있다. 성소수자 논의가 최근 활성화된 것에 미국과 유럽의 영향이 크다는 점이 대중적인 반감을 불러일으키기도 했다. 유사한 시각에서 조셉 마사드Joseph Massad는 중동에 레즈비언과 게이 정체성이 도입되는 것을 또 다른 오리엔탈리즘과 신식민주의의 사례로 평가하고 '게이 인터내셔널'이라고 비판한 바 있다.[3]

제국주의 세력이나 국제사회가 아랍의 여성을 개입의 수단으로 활용해 온 것을 부정할 수는 없다. 억압받는 여성, 그 배경에 있는 이슬람, 아랍 또는 무슬림 여성들에게 자유를 찾아준다는 숭고한 사명의식. 어딘가 닮은 구석이 있다. 억압받는 아랍인 또는 무슬림, 그 배경에 존재하는 권위적인 아랍 또는 이슬람 문화, 그리고 이 억압받는 이들에게 자유, 인권, 민주주의라는 서구의 선물을 제공한다는 자랑스러운 명분. 그 배경도 유사하다. 민주주의를 명분으로 한 이권 쟁탈전은 여성의 자유를 표방한 이데올로기 전쟁과 쌍을 이루는 것이다. 이러한 근거를 활용하면서 외세에 대한 반감이 여성에 대한 증오로 이어지는 것이다. 민족주의나 반제국주의가 증오의 알리바이로 작용하는 것이다.

아랍인들이 지닌 세계 인식의 특징 중 하나는 자본주의보다 서구를 강조하는 것이다. 아랍 또는 중동 지역에서 근대화는 가장 가까운 타자인 서구와 닮아가는 것이었고 그것에 종속되는 것이었다. 그리고 서구는 문명만이 아니라 광범위한 '식민'을 의미했다. 그리고 증오는 이 가까운 타자로 향해졌다. 물론 이 증오는 애증관계의 한 면이었다. 서구는 형제이자 선망의 대상이었다. 이제 더 가까운 타자로 향해지는 증오가 자기 자신을 향한 파괴로 이어진다는 것을 깨달아야 한다. 그리고 자신과 이웃을 파괴하고 세계를 파괴할 정도의 오래된, 그리고 깊은 분노와 절망을 낳는 보이지 않는 적을 드러내야 한다.

2 　마스크가 소환한 베일 논쟁

복장을 규제하는 국가

2021년 3월 7일 스위스에서는 공공장소에서 안면을 가리는 베일 착용을 금지하는 법안이 국민투표에서 51.2%의 찬성으로 가까스로 통과됐다. 공공장소에서 "자신의 얼굴을 가리는 의도를 가진 어떠한 복장도 금지"하는 법안을 역설적으로 코로나19 사태로 인해 마스크를 착용한 유권자들이 선택한 것이다. 민감한 사안임을 고려해 이 법안이 염두에 둔 의상의 명칭이 명시되지는 않았다. 법안을 발의한 극우 성향의 집권당 의원들은 심지어 이 법의 대상에 훌리건들도 포함된다는 점을 애써 강조하기도 했다. 스위스에서는 12년 전 이슬람의 상징 중 하나인 미나레트, 즉 모스크의 부속건물로 예배시간을 알리는 시설의 건축을 금지했는데, 또다시 이슬람의 상징으로

2024년 세계 이슬람포비아 반대의 날 포스터

여겨진 베일 금지 법안이 국민투표에 부쳐진 것이다.

　법안이 시행된 이후 지금까지 관련된 연방 차원의 판결이 나온 사례는 없었다. 그도 그럴 것이 사실 이 법이 문제 삼는 복장을 착용하는 경우는 이전에도 매우 드물어 전국적으로 몇십 명 수준이었다. 이런 점을 고려하면 이 법이 겨냥했던 부르카 문제가 국민투표의 대상이 되지 말았어야 한다는 다음 견해를 이해할 수 있다. "스위스에서 전신을 가리는 부르카를 착용하는 여성은 극소수에 불과하다. 착용하는 이들은 대부분 새로이 이슬람으로 개종한 사람들이다. 이 법은 무슬림의 존재가 부담스러운 이들을 자극하기 위한 조치이다. 현재에도 지자체 차원에서 과도한 형태의 복장을 규제하는 법이 이미 존재한다."[1]

마스크 착용 의무화가 초래한 모순적 상황

이러한 과도한 법제화의 문제와 함께 마스크 착용을 권장하는 최근의 상황이 공공장소에서 안면을 가리는 복장 착용을 금지하는 것과 모순된다는 비판이 제기됐다. 프랑스에선 2004년 학교에서의 히잡 착용을 금지하고 2010년에는 공공장소에서 니캅과 부르카 착용을 금지하는 법을 제정하며 일찍이 이러한 변화를 선도했다. 하지만 이러한 프랑스에서도 코로나19 사태로 학교나 대중교통에서 마스크 착용을 의무화하고 상점에서도 손님들에게 마스크 착용을 요구할 수 있게 됐다.

이 두 조치는 프랑스가 이전까지 학교, 대중교통, 상점과 같은 공공장소에서의 히잡 착용이나 노란 조끼 시위대의 두건 착용 등에 극도로 엄격했던 점을 되돌아보게 했다. 특히 무슬림 주민들에게는 이 조치가 불편하게 다가왔다. 불과 얼마 전까지만 해도 볼에 입을 맞추는 프랑스식 인사를 거부하는 것을 급진적인 성향의 표식으로 간주했는데 이제는 정반대로 이것을 공중보건에 부합하는 바람직한 태도로 평가하는 것이다. 물론 종교적 표현으로 의상을 착용하는 것과 공중보건 차원에서 마스크를 착용하는 것의 차이점을 간과해서는 안 되지만 말이다. 게다가 프랑스의 반니캅법 2조에 따르면 안면을 가리는 복장 금지는 이 복장을 착용하는 것이 건강상의 이유나 직업적인 이유일 경우에는 적용되지 않는다는 점에서 마스크 착용 의무화와 모순되지 않는다. 또한 감염 예방에 있어서 머리나 얼굴을 가리는 히잡, 니캅, 부르카 등이 마스크를 대체할 수 없다는 점에서 양자를 동일시할 수는 없다.

베일의 다양한 의미

베일은 사회마다 다른 형태를 띤다. 그리고 무슬림 여성만 이것을 착용하는 것도 아니다. 고대부터 대부분의 사회에 이러한 의상이 존재해 왔으며, 중동의 경우에도 이슬람이 창시되기 훨씬 전부터 태양, 바람, 또는 다른 이의 시선으로부터 안면의 일부를 가리기 위해 사용해 왔다. 자주 언급되는 용어만 살펴보면, 먼저 히잡은 머리만을 가리는 베일을 지칭한다. 부르카는 아프가니스탄 내전으로 세계에 알려진 파슈툰족의 전통의상이다. 파란색 또는 고동색의 긴 베일은 신체 전체를 가리고 안면을 격자무늬로 가린다. 니캅은 이슬람의 보수 이념인 와하비즘이 확산된 도시 지역에서 여성들이 착용하는 것으로 눈 부분만 노출한 의상이다. 차도르는 이란의 전통의상을 가리킨다.[2]

근대 이후 서구인들의 사고에서 베일을 쓴 여성은 아랍 또는 이슬람 사회의 이질성과 후진성을 상징하는 대표적인 이미지였다. 그러나 현실은 보다 복합적이다. 베일을 착용하는 것, 그리고 이러한 풍습이 현대사회에서 부활하는 현상은 다양한 배경과 의미를 가진다. 먼저 베일은 착용이 강요되기도 하고 금지되기도 한다. 심지어 아랍 및 이슬람 사회에서도 그렇다. 히잡 착용 금지는 이란, 튀르키예, 튀니지 등 20세기 초중반에 일찍이 근대화를 시도했던 사회들에서 전통을 극복하고 보편적인 문명에 진입하는 것을 상징하는 조치였다. 현재 유럽의 이주민들을 염두에 두고 몇몇 국가에서 도입한 베일 금지 조치도 이와 유사한 논리를 표방하고 있다. 그런가 하면 20세기 후반 중동의 일부 국가들에서는 히잡 착용이 보다 이슬람적인 사회의 징표로 강요되기도 했다. 사우디아라비아 등 보수적인 아랍국가나 이란에서는 여성의 히잡 착용 여부를 단속하는 '지도순찰대(도덕경찰)' 제도를 운영하고 있다.

　이러한 상반된 상황이 존재하기 때문에 베일 착용의 의미 역시 다양하다. 국가의 금지에도 불구하고 베일을 착용하는 행위는 시민불복종의 한 형태일 수 있다. 역으로 착용을 의무화하는 사회에서는 여성들이 사회활동에 참여하기 위해 사회가 요구하는 베일 착용을 받아들이는 경향도 있다. 식민지 시대에는 도시화로 인해 낯선 이들과 접촉하게 된 여성들이 불가피하게 착용하기도 했다. 이슬람주의에서처럼 근대적인 사회체제에 대한 거부를 상징하기도 하지만 민주화운동에서 부패한 기성질서에 대한 비판을 상징하기도 했다.

문제인가? 문제를 만드는가?

앞서 언급한 스위스와 마찬가지로 프랑스에서도 안면을 가리는 복장 착용 사례는 관련 법 제정 이전이나 이후나 거의 찾아볼 수 없었다. 이 법을 위반한 사례가 한해에 200~300건 정도였고 모두 경고조치에 그쳤다. 많지도 않지만 기존에 착용한 사람들이 법이 도입되었다고 해서 이 관행을 포기하지도 않는다. 별 효과가 없는 것이다. 2020년 『Derrière le niqab(니캅의 이면)』을 출간한 아녜스 데 페오^{Agnès De Féo}는 법 시행 이후 10년 동안 니캅을 착용한 200여 명의 여성을 대상으로 조사한 결과,[3] 이 여성들이 이들에 대한 일반적인 인식, 즉 배우자에 종속된 급진적인 이슬람 신봉자라는 이미지에 부합하지 않는다는 결론을 내렸다. 가족이 강요한 것이라는 인식 역시 마찬가지였다. 놀랍게도 이들의 상당수는 미혼이었다. 니캅 착용이 독실한 신앙을 보여주는 것도 아니었다. 이들의 종교에 대한 생각은 초보적인 수준이었다는 것이 저자의 평가다. 법 시행 이후에 니캅을 착용하기 시작한 이들이 있었는데 이 법으로 인해 낙인이 찍힌 무슬림들에 대한 연대 차원에서 선택한 경우도 있었다. 그러다가 2017년경부터 프랑스에서 니캅 착용이 사라지게 된다. 이는 법의 효과가 아니라 외적인 요인 때문이었다. 즉 2014년부터 국제사회의 관심을 끌었던 이슬람국가IS가 이슬람에 부정적인 평판을 심화시켰기 때문이다.

그렇다면 중대하거나 시급한 사안이라고 볼 수 없는 것에 대해 법제화가 진행되는 이유는 무엇인가? 여성의 복장 그 자체보다 더 중대하고 시급한 정치적인 동기가 작용한 것으로 볼 수 있다. 이번에 법이 제정된 스위스의 경우 전체 인구 850만 중 무슬림의 비율은 4.4%이며 열성 신자는 드물고 스위스 사회에 잘 통합되어 있다고 평가된다. 출신 국가 등에 따라 여러 집단으로 나뉘어져 있고 무슬림을 대표하는 정치조직이 있는 것도 아니라 스위스 사회에서 무슬림의 존재는 잘 드러나지 않는다. 정작 중요하게 작용한 것은 집권 극우정당 스위스국민당의 이해관계였다. 이 정당은 최근 몇 년간 지지율이 하락해왔다. 지지율이 30%에 가까웠던 2010년대 초반에 비해 상황이 나빠진 것이다. 최근 여론조사 결과에서도 여전히 가장 높은 지지율을 보이고 있지만 환경 문제나 코로나19 팬데믹과 같은 다른 이슈들이 부상하면서 위기의식을 느낀 것이다.[4]

프랑스에서는 학교 급식에서의 할랄 식품 제공, 이민 현상, 테러 사건 등이 대선 시기에 단골 메뉴로 등장해 일정 정도 선거에 영향을 미쳐왔다. 이슬람과 무슬림을 향한 편견이 공화주의 이념, 성평등, 정교분리주의 등의 가치를 내세워 유지되어온 것이다. 이러는 사이에 반이민·반이슬람 정서가 강화되고 이를 주도하는 시민사회 및 정당의 발언권이 커졌다. 이러한 사회 분위기 속에서 이슬람과 무슬림을 겨냥한 범죄도 기승을 부리게 됐다. 그리고 개인을 대상으로 하는 범죄의 피해자는 대부분 무슬림 여성들이다. 인과관계를 보면 이슬람이나 이주민에 대한 차별과 편견, 그리고 그 결과인 빈곤과 배제가 무슬림들을 고립시키고 극단적인 길로 몰아가는 것이지 그 역은 아닌 것이다. 이주민들은 새로운 사회에 정착하고자 이주를 택했고 이주한 나라에서 태어나 교육받은 이주민들의 후예들은 더더욱 통합에의 의지가 강하다. 실제 2세대의 사회통합 정도는 1세대뿐 아니라 심지어 기존 토박이들보다도 강한 것이 일반적이다. 한국과 마찬가지로 유럽에서도 이주민들이 가장 자주 하는 이야기는 아마 "우리는 통합을 원한다"일 것이다.

식민지배의 유산

베일 금지법이 사실상 무슬림 여성을 겨냥한 것이라는 점에서 프랑스 식민주의의 유산이라는 평가도 있다. 수십 년 전 프랑스가 알제리 여성의 안면을 드러내고자 했던 사실을 떠올리게 된다. 피식민지 여성의 베일은 식민지배자들의 성적 환상의 소재에서 시작해 최근 식민 본국에서 혐오의 소재로 변신한 것이다. 서구 문명과 아랍여성의 관습을 대립시키고 후자를 문명화한다는 사고가 최근의 베일 금지법에 그대로 반영되어 있는 것이다.

알제리에서 베일은 오리엔탈리즘의 소재에서 서구화에 대한 저항의 상징으로 변신하기도 했다. 알제리 독립전쟁(1954~1962년) 당시 베일은 1979년 이란혁명 당시 차도르와 유사한 역할을 하게 된다. 식민당국에는 남성에 대한 굴종의 상징으로 간주된 베일이 주체적인 여성의 상징으로 탈바꿈한 것이다. 또 다른 측면이 있기도 하다. 독립전쟁 당시 프랑스에 의해 강제 이주를 당한 알제리인들의 삶에 관한 연구에서 피에르 부르디외와 압델말렉 사야드Pierre Bourdieu & Abdelmalek Sayad는 생존을 위협받고 삶의 터전을 잃은 피식민지인들에게서 나타나는 전통에 대한 의존을 기존에 그들이 잘 통합되어 생활하던 공동체에서의 '전통적 전통주의'와 대비되는, 그리고 전통과 무관한 '절망의 전통주의'로 표현한 바 있다.[5]

동등한 존재로서의 무슬림 여성

무엇이 중요하고 무엇이 문제인가? 니캅을 착용한 여성의 모습은 미국이나 이스라엘의 정통파 유대인들의 의상만큼이나 섬뜩한 느낌을 준다. 혐오감이 느껴질 수 있다. 그러나 낯선 것에 대한 정서적인 거부감이나 납득할 수 없는 행위에 대한 반감이 법적 개입이나 국가의 개입을 정당화하지는 않는다. 그 이상의 조건이 필요하며 유럽의 베일 착용 금지법을 둘러싼 논란은 이 조건이 충분히 갖추어지지 않았음을 보여준다. 베일을 문제시하는 국가의 태도에서 우리는 어느 민족이나 종교 집단에서도 찾아볼 수 있는, 일탈 현상에 과도한 의미를 부여하고, 심지어 이를 일반화함으로써 집단 전체를 비정상적인 집단으로 인식하게 만드는 경향을 확인할 수 있다. 이 슬람이 공화국의 가치에 부합하지 않는다는 인식, 4,500만 성도로 유럽 인구의 6% 정도를 차지하는 무슬림이 유럽사회를 심각하게 위협하는 요인이라는 생각, 통합의 대의를 내세우면서 인구의 일부를 배제하는 모순적인 태도, 남성의 위협으로부터 무슬림 여성을 보호한다는 과도한 사고가 식민지 시대 이후 크게 변하지 않은 것이다.

이러한 사고는 베일과 같은 여성의 복장 착용이 필시 남성의 강요에 의한 것이고 무슬림 여성은 자신의 몸에 관한 선택을 할 수 없을 것이라는 확신을 전제한다. 주류사회 성원에게 매우 낯선 복장의 선택이 본인이 중요하게 생각하는 가치에 입각한 이성적인 선택일 수 있다는 생각은 베일 논쟁에서 보이지 않는다. 잘못된 것일지라도 어떤 신념에 의한 것이라는 것을 인정하는 것은 다른 이들과 마찬가지의 능력을 갖춘 이성적인 존재로 인정하는 것이다. 그러면 지금과는 다른 성격의 논의가 진행될 수 있을 것이다. 이들이 퇴행적인 신념을 가지게 된 배경은 무엇인지 따져보고 이들에게 발언권을 보장해야 교착상태에 있는 민족 간, 문화 간 관계 개선을 기대할 수 있을 것이다.

3

'나쁜 히잡'에 흔들리는
이란 체제

'나쁜 히잡'의 저항

2022년 9월 16일 이란에서 한 여성이 히잡을 썼지만 규정에 맞게 정확히 착용하지 않았다는 이유로 체포되었다 조사과정에서 의식불명 상태에 빠진 후 사망했다. 이에 대한 반발로 여러 도시에서 대규모 시위가 이어지는 등 저항운동이 계속됐다. 이란혁명 이후 여성은 항상 시민의 자유를 억압하고 퇴행적인 신학을 강요하는 체제에 대한 저항운동에 앞장서 왔다. 그리고 이 저항운동의 중심에 '나쁜 히잡', 즉 히잡을 제대로 쓰지 않아 머리카락을 보이게 하는 전술이 존재한다.

1997년 개혁파 모하마드 하타미Mohammad Khatami가 대통령에 당선되고 추진된 개혁 조치의 일환으로 히잡 정책에도 변화가 있었다 히잡 착용이

국제적으로도 이란의 히잡 반대 시위를 지지하는 흐름이 만들어졌다.
2022년 10월 22일 베를린에서 이란 히잡 시위를 지지하는 시민들이 모였다(Leonhard Lenz, CC0 1.0 Universal).[1]

사적인 차원의 문제라는 시각이 대두됐고, 그 결과 하타미 임기 중에는 히잡 착용에 대한 통제가 상당히 느슨했다. 이후 2005년 보수파인 마무드 아흐마디네자드Mahmoud Ahmadinejad가 대통령에 당선되면서 상황은 다시 변하게 된다. '나쁜 히잡'이 사회 질서를 문란하게 한다는 명분으로 새로운 법이 제정되고 올바른 히잡 문화 정착을 위한 사업들이 추진된다. 그 연장선상에서 2009년 대선 이후에는 '유연한 전쟁'이라는 개념이 도입된다. 이 개념은 외부 세력들이 이란의 이슬람 혁명을 좌초시키기 위해 '나쁜 히잡'의 관행을 확산하고 있다는 것을 의미했다.[2]

'나쁜 히잡' 현상의 최근 사례로는 '하얀 수요일'이라는 이름의 캠페인을 들 수 있다. 히잡 착용 의무에 대한 저항의 표시로 매주 수요일 소셜미디어에 히잡을 착용하지 않은 사진을 올리는 방식이다. 또한 '혁명 거리의 소녀들'이라는 퍼포먼스도 있었다. 테헤란 거리에 설치된 변압기 위에 올라 막대기에 히잡을 걸고 서 있는 것이다. 마침 그 거리의 이름에 '혁명'이라는 단어가 포함되어 있어 그런 명칭이 붙여졌다.

2021년에 선출된 극보수 성향의 에브라힘 라이시Ebrahim Raisi 대통령은 이전보다도 더 강한 탄압으로 '나쁜 히잡' 현상에 대응했다. 이번에 희생된 여성 마흐사 아미니Mahsa Amini의 사례는 그 비극적인 결과다. 이번에도 거리 시위와 함께 저항의 표시로 히잡을 착용하지 않는다거나 머리카락을 자른다거나 히잡을 불태우는 퍼포먼스가 벌어졌다. 아미니의 출신 지역인 쿠르드족 거주지역과 수도 테헤란 등을 중심으로 반체제운동으로 확대된 이번 사태에 이란 정부는 강력한 탄압으로 일관하였다. 특히 쿠르드족 거주지역에서 경찰의 대응이 더 강경한 양상을 띠었다. 심지어 군의 공습이 이루어지기도 했다. 또 다른 소수민족인 발루치족이 거주하는 지역에서는 한 여성이 경찰에 의해 성폭력을 당하는 사건이 벌어졌고, 군이 이에 항의하는 시위대에 발포해 약 93명이 사망했다는 소식도 전해졌다. 저항운동이 쿠르드 지역과 유사하게 이란 내 소수민족 거주 지역에서 발생했다는 점을 주목할 만하다. 청소년 및 청년, 여성, 소수민족 등 이란 사회에서 통합에 어려움을 겪거나 억압에 시달리는 집단이 저항운동의 선봉에 서는 최근 이란 사회의 경향을 다시금 확인시켜주기 때문이다.

히잡의 정치화

히잡이라는 용어는 다양한 의미로 사용되어 왔지만, 공통점은 외부에 드러나지 않게 한다는 것이다. 우선은 강한 태양이나 모래바람과 같은 자극으로부터 안면을 보호하고자 했겠지만 다른 이의 시선으로부터 보호하거나, 수도자들처럼 외부의 시선에서 벗어나 있는 공간에서 은둔의 삶을 사는 것을 의미하기도 했다. 이렇게 히잡의 의미가 여성의 특정 복장만을 의미하는 것은 아니라고 하더라도, 여성의 삶과 몸이 세상에서 벗어나 있어야 한다는 것은 성별 분리의 극단적인 양상을 의미한다. 이는 오늘날 이란 여성의 현실을 잘 반영한다. 여성의 히잡 착용 거부는 더 이상 남성에 의해 또는 의복에 싸여 보이지 않는 존재가 되길 거부하는 것을 의미한다. 도덕경찰의 역할 역시 단지 히잡 착용만을 감시하는 것이 아니라 공공영역에서, 심지어 일부 사적 영역을 포함해 남성과 여성의 분리를 강제하는 것이다. 이런 의미에서 히잡 반대 운동은 온전히 여성해방운동이며 또한 권위적인 질서를 타파하는 민주주의 운동의 한 부분이다.

근대 이후 서구 지배 세력의 사고에서 베일을 쓴 여성은 아랍 또는 이슬람 사회의 이질성과 후진성을 상징하는 대표적인 이미지였다. 그러나 앞서 언급한 것처럼 현실은 보다 복합적이다. 베일을 착용하는 것, 그리고 이러한 풍습이 현대사회에서 부활하는 현상은 다양한 배경과 의미를 가진다. 그러나 공통점은 복장이 공적인 사안이 된다는 점이다. 베일 착용은 강요되기도 하고 금지되기도 한다. 이란의 경우, 여성의 복장은 이미 20세기 초부터 국가 지도층이 거론하던 사회적 어슈였다. 1979년 혁명 이전 이란은 팔라비 왕조가 다스리던 국가였다. 히잡 착용이 공식적으로 금지된 것은

1926년 쿠데타로 정권을 잡은 군인 출신 레자 샤 팔라비Reza Shah Pahlavi가 통치하던 1936년이었다. 그에게 히잡 착용 금지는 이란 사회 서구화의 일환이었다. 그런가 하면 1970년대 팔라비 왕조에 반대하는 반체제운동에서는 제대로 착용하지 않은 여성의 복장을 두고 서구의 음모가 반영된 것이자 이란 사회 자체의 건강하지 못한 상태를 반영하는 것으로 간주했다. 따라서 올바른 복장은 이란 사회를 변혁하는 과정의 일환이라는 의미를 부여받았다. 히잡 착용을 강제하는 것은 한편으로는 이란 사회를 변화시키고 다른 한편으로는 외부의 제국주의 세력들로부터 자유로워지는 중요한 해결책이었다. 1979년 혁명이 성공한 직후 여성들이 이슬람 공화국의 정신에 부합하게 의복을 착용해야 한다는 루홀라 호메이니Ayatollah Ruhollah Khomeini의 발언이 있었다. 1983년에는 공공영역에서 히잡 착용을 의무화하는 법이 제정된다. 히잡 착용에 찬성하는 진영이 수적으로 압도했고 "히잡이냐 남성의 스토킹이냐"와 같은 자극적인 구호를 내걸면서 논리적인 면에서도 반대 진영을 누를 수 있었다. 이렇게 이란 현대사에서 히잡은 줄곧 공적인 사안이었고 이런저런 식으로 정치적인 함의를 띠었다. 이번 히잡 사태도 이러한 히잡 정치화의 역사에서 한 페이지를 장식하고 있다.

여성의 몸으로 향하는 권력

이러한 역사적 배경을 가진 히잡 착용은 이후 이란 신정체제의 핵심적인 요소가 된다. 히잡 강요에 함축된 여성의 표상은 불결하고 위험한 존재, 시민으로서의 자유와 권리를 온전히 보장받을 수 없는 존재, 근본적으로 남성에 비해 열등한 존재였다. "버스에서 여성의 몸이 남성의 몸을 스칠 때마다 그 진동이 우리의 혁명 기반을 흔들리게 한다." 이란혁명 직후 히잡 착용 의무화 조치를 이끈 호메이니의 발언이다. 이 청교도적인 강박관념은 히잡 문제를 넘어 기존 체제에서 여성이 누릴 수 있었던 권리를 빼앗았다. 권위주의 체제를 뒤엎은 혁명에 앞장선 여성들은 역설적으로 혁명이 초래한 자신들에 대한 억압에 저항했다. "자유를 찾은 새벽, 자유는 없었다." 그러나 저항은 새로운 체제에 의해 무참하게 진압됐고, 이후 40여 년간 유사한 양상이 반복됐다.[3]

여성 복장에 대한 권력의 강박관념은 자신들을 지배했던 유럽의 현재를 닮은 것이기도 하다. 유럽 내부의 무슬림 사회에 대한 관심은 테러리즘과 함께 히잡에 집중되어 있다. 유럽에서 활동하는 대표적인 이슬람주의 단체인 무슬림형제단과 같은 이들은 히잡 착용을, 일부 유럽 정부들은 반대로 학교 등 공공 영역에서의 히잡 착용 금지를 내세우며 대립하고 있다. 유럽 무슬림 공동체 일각에서는 히잡이 서구로부터의 독립의 상징으로 간주되고, 히잡 착용에 반대하는 것은 이슬람 혐오증이나 신식민주의로 간주된다. 그러나 정작 본국에서는 여성들이 자유와 평등의 상징으로 히잡 착용에 반대하기도 한다. 일반적 인식과 달리 이슬람권 국가들에서 히잡 착용을 법으로 강제하는 나라는 이란, 아프가니스탄 정도로 드물다. 역으로 알제리, 튀니지와 같은 나라들의 경우에는 일부 유럽 국가들처럼 안면 대부분을 가리는 복장을 금지하는 법을 제정하기도 했다. 요르단, 모로코처럼 히잡을 금하지도 강제하지도 않는 나라도 있다.

이슬람과 공화국의 이름으로

이란의 권력자들은 여성들의 한 줌 머리카락이나 매니큐어 칠한 발톱을 신정체제와 동급의 사안으로 간주하는 것 같다. 알리 하메네이Sayyid Ali Hosseini Khamenei 등 이란 종교 지도자들이 이란의 히잡 사태에 대해 미국, 이스라엘 같은 외부의 적들이나 쿠르드 분리주의자들이 사주한 것이라며 비난하고 있는 것도 히잡 문제가 체제 수준의 사안임을 보여준다. 베일을 문제시하는 국가의 태도에서 우리는 어느 민족이나 종교 집단에서도 찾아볼 수 있는 경향을 확인할 수 있다. 그것은 일탈 현상에 과도한 의미를 부여하고, 심지어 이를 근거로 집단 전체를 비정상적인 집단으로 인식하게 만드는 것이다.

이란 여성들의 행동이 이슬람과 중동의 문화를 공격하는 서구 제국주의의 의도에 부합할 수 있다는 시각도 문제다. 왜냐하면 현재 유럽은 이슬람 문화에 대한 공격보다 이 문화를 정치적으로 악용하는 이란 등 중동 지배세력들과의 외교관계에 더 큰 관심이 있다. 제국주의가 공격하는 것은 자신들의 길에 장애가 될 수 있는 세력이다. 그것이 종교 세력인지 세속적인 세력인지는 크게 중요하지 않다. 튀니지의 엔나흐다와 같은 이슬람주의자들을 지지하기도 하고, 비종교적이고 반제국주의적인 나세르주의를 적으로 여기기도 했고, 반제국주의 성향의 알제리 이슬람주의자들은 악마화하면서 이들을 제거하려 했던 권위주의적이고 친서구 정권을 지지하는 등 문화나 이념에 대해서는 일관되지 않은 행보를 보여 왔다.

변함이 없었던 것은 자국의 이익이었다. 여성의 권리나 표현의 자유, 주권이나 정교분리주의 등 다른 어떤 가치보다 훨씬 우선시된 것은 자신들의 이해관계였다. 유럽이나 미국의 온건한 좌파나 우파 정권과 달리 일관적인 행보를 보인 것은 극우파들이었다. 이들의 입장은 일관되게 민족주의적이고 반사회주의적이고 반이슬람주의적이다. 주의할 것은 모든 나라가 아니라 자신의 국가보다 못살고 그래서, 잘못된 생각이지만 자신들에게 부담이 될 수 있다고 생각하는 계급, 민족, 문화에 적대적인 것이다. 극히 방어적이고 이기적인 태도로 무장된 것이다.

Freedom For Women

이란 히잡 착용 의무화 반대를 표현하는 이미지

히잡 사태가 세계의 이목을 끌기 직전 우리는 소설『악마의 시』로 살해 위협에 시달려온 인도 출신 영국 소설가 살만 루슈디Salman Rushdie가 테러를 당했다는 소식을 접했다. 그리고 며칠 후에 히잡 관련 살해사건이 벌어진 것은 그 자체로는 우연이지만, 강경한 이슬람주의 세력이나 그 정점에 있는 이란의 신정체제가 느끼고 있는 위기의식을 보여주는 상징적인 의미가 있다. 그리고 우연히도 두 사건 모두 이란 체제가 문제의 근원이라는 공통점이 있다. 이란은 이슬람 공화국이다. 히잡 착용을 강제하는 것은 이슬람의 이름으로 행해지는 것이기도 하지만 공화국의 이름으로 행하는 것이기도 하다. 통일된 대응과 국가 전체의 이익을 우선시하고 개인이나 특정 집단의 이익은 유보될 수 있다. 공화국의 이름으로 히잡 착용을 금지한 프랑스와 유사하게, 공화국의 이름으로, 공화국의 안위를 위해 외세에 동조하는 의미가 있는 서구식 복장을 대상으로 투쟁을 전개하는 것이다. 이슬람 혁명의 수호와 함께 공화국 수호를 표방하는 것이다. 이런 측면에서 보면 이란 국민들의 투쟁은 이슬람을 사회운영의 원리로 강요하는 세력만이 아니라 국가의 안위를 내세우며 개인의 권리를 억압하는 공화국도 겨냥해야 한다. 공화국은 정치체제의 하나로 국가를 왕가 등 특정 세력의 전유물로 여기는 군주제와 달리 국가를 모두의 것으로 간주한다. 따라서 공화국 자체가 문제가 되는 것은 아니다. 다만 이 공화국이 소수의 독점세력이 아니라 다수의 다양한 정체성과 이해관계를 억압하게 될 때 이는 민주주의나 평등에 반하게 된다.

퇴행적인 체제의 몰락을 재촉하는 저항

칼 마르크스Karl Marx는 혁명을 출산의 진통에 비유한 바 있다. 최근 상황이 이전과 다른 점은 혁명의 진통, 즉 저항운동이 분출하는 간격이 짧아지고 강도는 심해졌다는 것이다. 아미니의 죽음으로 촉발된 이란의 히잡 시위는 최근 몇 년간 이란에서 발생한 반정부 시위 중 가장 심각한 상황으로 흘러가는 듯하다. 게다가 주변의 중동 및 북아프리카 국가들이 2011년 아랍의 봄 이후 체제가 전복되는 경험을 하면서 이란의 신정체제도 이전보다는 위협감을 더 크게 느낄 수밖에 없다. 이번 사태는 2009년 대선 과정에 대한 문제제기로 촉발된 '녹색 혁명'이나 기름값 인상이 야기한 2019년의 '빵 폭동'보다도 더 저항과 탄압의 강도가 세다는 점에서 더더욱 그러하다.

아래로부터의 봉기가 성공한 1979년 이란혁명을 떠올리게도 한다. 여성들의 역할이 컸던 점, 이번과는 양상이 정반대이기는 했지만 히잡 문제가 저항의 진원지가 된 점, 중·고등학생이나 대학생들이 대거 참여한 점과 같은 공통점을 찾아볼 수 있다. 물론 차이점도 있다. 과거 이란의 국왕과 같이 무너뜨려야 할 대상이 명확하지 않은 점이나 역으로 반정부 진영에 혁명을 이끌 지도부가 존재하지 않는다는 점이 낙관적인 전망을 주저하게 한다. 다만 체제를 거부하는 세력만이 아니라 체제를 지지하는 세력 역시 변화의 필요성에 공감하고 있을 정도로 40여 년 전 냉전 시대에 수립된 이란 신정체제는 현실과 멀리 떨어져 있다. 하지만 갈길은 멀다. 2023년 7월, 마흐사 아미니의 사망을 계기로 촉발된 국민들의 저항으로 중단된 도덕경찰의 거리 순찰이 재개되었다.

4 코로나19 팬데믹과 소수자

중동 및 북아프리카

이 장에서 우리는 중동·북아프리카 지역의 코로나19 확산과 그것이 사회에 미친 영향을 살펴보고자 한다. 본론에 들어가기에 앞서 이 지역을 가리키는 용어에 대해 살펴보자. 먼저 이 글에서 주로 사용하는 '중동·북아프리카Middle East & North Africa, MENA'는 이제 한국사회에서도 많이 사용하는 용어로 아프리카의 사하라 이북 지역인 북아프리카와 중동을 포괄하는 것이다. 양 지역을 한데 묶는 관행은 이슬람제국에 함께 속해 있었던 역사적 경험, 아랍민족과 이슬람이라는 공통분모, 지중해와 해안지대를 통해 쉽게 연결되는 지리적인 연속성과 같은 요인을 근거로 한 것이다. 서쪽으로는 북아프리카 지역인 마그레브, 동쪽으로는 중동지역인 마슈렉으로 구성된 아랍 세계라는 용어도 유사한 지역을 아우른다. 보다 범위를 넓혀 중동·아프리카로 구분하는 경우도 있다. 이 역시 중동이 남아시아나 동아시아, 동남아시아 등 아시아 지역보다는 아프리카와 공통점이나 연관성이 크다는 점을 함축하고 있다. 지중해 남부와 동부 또는 서부/남부/동부로 구분하는 방식은 지중해 북부에 위치한 유럽 국가들의 관심이 반영되어 있다.

코로나19라는 감염병을 논의하는 데 있어서 중동·북아프리카라는 범위가 특별한 의미를 지니는 것은 아닐 것이다. 세계 다른 지역보다 훨씬 더 드라마틱한 양상을 보이지는 않았기 때문이다. 다만 이 글이 확산 실태 그 자체보다 더 주안점을 두는 사회적 측면에서는 이 지역에 속한 국가들의 상황에 어떤 공통점이 있고 다른 지역과는 차이가 있을 것으로 기대된다. 그러나 흔히 이 지역 상황을 설명하는 데 동원되는 이슬람이나 권위주의적인 국가, 억압적인 사회와 같은 요인이 이번 사태에서는 아쉽게도 기대만큼의 설명력을 가지지 못한다. 밀집된 예배환경은 이슬람에 국한된 것이 아니며 강압적인 체제는 방역에 더 효과적일 수도 있다. 다만 전쟁을 겪고 있거나 경제 상황이 좋지 않은 국가의 경우 피해가 더 크고, 일국 내부에서도 약자의 위치에 있는 집단에서 피해나 위험이 더 클 것으로 추정할 수 있을 뿐이다.

코로나19 상황

개관

팬데믹 초기에는 중동에 위치한 이란에서 확진자가 많이 나와 관심을 끌었다. 성지순례가 확산의 계기였고 정부 각료들이 다수 감염되는 등 감염병도 문화와 체제로 설명될 수 있을 듯했다. 그러나 이후 유럽과 미국에서 전개된 양상은 이러한 상투적인 접근이 성급한 것임을 보여주었다. 중동ㆍ북아프리카 지역에서 인구 대비 확산세가 두드러진 나라는 터키, 이란, 이스라엘, 튀니지 정도였으며, 2023년 12월 현재 10만 명당 166명이 사망한 이란 정도를 제외하고는 전반적으로 치명률도 낮은 편이었다. 사하라 이남 아프리카, 동아시아 다음으로 낮았고 유럽이나 아메리카 대륙에 비해서는 상황이 양호했다.

마스크를 쓰고 있는 이집트 소년(Eman arab, CC BY-SA 4.0)[1]

다르지 않은 중동

감염상황을 예측하기 어렵다는 한계가 있고, 지리적 요인이나 기후의 특성과 같은 자연적 요인, 생활양식이나 방역체계와 같은 사회적 요인이 작용한다는 점에서 이 지역도 다른 지역과 크게 다르지 않다. 인구밀도와 상호

작용의 빈도가 높은 지역이나 집단에서 감염의 위험이 컸고 한국에서도 그랬듯이 비좁은 종교시설이나 종교행사를 계기로 빠르게 확산되는 양상을 보였다. 이스라엘의 초정통파 유대인공동체에서 확진자가 많이 나온 사례나 코로나19 사태 초기 이란에서 시아파 성지 곰 지역 순례자들이 감염되면서 이란 전역으로 확산된 사례가 화제가 되었다. 의료체계나 방역정책 등 대응 역량이 미흡한 점도 당연히 고려되어야 할 것이다.

굳이 이 지역에 고유한 양상을 찾아보자면 인구학적 측면을 생각해볼 수 있다. 일반적으로 전체 인구에서 젊은 층이 차지하는 비율이 높은 것은 인구 폭증을 유발해 사회가 감당하기 어려운 장애물로 인식되고 사회 갈등을 심화시키는 요인으로 여겨져 왔다. 이슬람주의, 아랍의 봄 등 주요 사회 현상에 대한 설명에서 인구학적 요인은 비중 있는 자리를 차지하곤 했다. 그러나 이번 코로나19 사태에서는 상대적으로 젊은 인구학적 특성이 피해를 줄이는 요인으로 작용했다. 이전에도 젊은 인구학적 특성이 성장 잠재력으로 평가되기는 했지만 그래도 낯선 상황이긴 하다.

보다 의미있는 특수성을 꼽자면 재난, 전쟁 등 위험의 경험이 많다는 점을 들 수 있다. 감염병의 경우 2002년 사스뿐만이 아니라 2014년 서아프리카 지역의 에볼라나 2017년 예멘의 콜레라 등 최근에도 전염병이 큰 피해를 준 경험이 있다. 또한 중동 국가들은 지진, 테러, 전쟁 등 재난에 익숙한 지역이고, 북아프리카는 코로나19 이전부터 내전, 혁명, 경제위기를 경험했다. 주목할 것은 위험의 경험이 코로나19 확산에 보다 예민한 반응을 야기했다는 점이다. 더욱이 초기에 확산세가 컸던 이탈리아, 프랑스 등과 지리적, 경제적으로 밀접한 관계에 있기도 해서 코로나19 확산에 국가나 시민사회가 긴장하고 조기에 적극적으로 대응한 것이다. 이 지역 정부들은 이미 2020년 2월부터 공항에서 여행객의 체온을 체크하는 등 발 빠른 대응을 보여주었으며, 3월부터는 여러 나라에서 국경을 폐쇄하고 방역정책을 시행했다. 확산세가 심했던 유럽으로부터 자국민을 귀환시키는 데도 적극적이었다. 관광이 경제에서 차지하는 비중이 큰 모로코, 튀니지 등 북아프리카 국가들은 이러한 조치를 취하기가 쉽지 않았겠지만 공포는 이러한 현실적인 계산보다 컸다. 프랑스 등 유럽 국가들을 본떠 일찍이 통행을 제한하고, 학교, 종교시설, 스포츠시설 등을 폐쇄하고, 시위를 금지하는 등의 조치가 취해졌다. 차이점이 있다면 유럽보다 더 권위주의적인 방식으로 진행되었고 국민의 반발도 약했다는 점이다.

강대국의 부재

일반적으로 재난은 주로 약소국에서 나타나는 현상이었고 국제사회나 강대국은 인도주의를 표방한 재난의 해결사였다. 그런데 이번에는 조금 달랐다. 유럽, 미국 등 중심부에서 벌어진 심각한 상황은 이 지역으로부터 재정적, 정책적 지원을 기대하기 어렵겠다는 생각을 하게 만들었고 스스로 상황에 대처해야 한다는 생각을 하게 했다. 유럽에서 벌어지는 초유의 상황, 발전된 '부의 세계'가 보여주는 의외의 모습에 당혹감과 긴장감을 가지게 되었다. 능력 있고 '이타적인' 국제사회가 존재하지 않는 재난 상황인 것이다. 또한 일반적으로 지진, 홍수와 같은 자연재해 또는 대형화재와 같은 사고를 전하는 뉴스는 재난 자체만큼이나 해당 국가나 시민들의 대응방식에 대한 평가에 많은 부분을 할애한다. 재난은 정치의 연장인 것이다. 그러나 이번 코로나19 사태에 대한 대응을 설명하는 데 있어서 사회의 발전수준은 생각과 달리 결정적인 역할을 하지는 않았다.

코로나19 확산의 사회적 결과

바이러스는 보이지 않지만 바이러스가 초래한 사회경제적, 심리적, 정치적
효과는 확연하게 느껴진다. 특히 이 지역은 코로나19 이전에 이미 내전, 혁
명, 그리고 그와 연관된 사회경제적인 어려움을 겪었고 여기에 코로나19
감염이 덧붙여진 것이다. 경제적인 어려움 속에서, 그리고 불평등이 심한
상황에서 겪게 되는 코로나19 상황은 사회적인 파급력이 더욱 크다고 할
수 있다. 그리고 이러한 점은 소수자의 상황에 있는 집단이나 일자리 문제
가 심각한 청년층에게 더 크게 작용했다.

경제

중동·북아프리카 역시 세계 다른 지역과 마찬가지로 팬데믹으로 인해 경
제 상황이 악화되었다. 주 수입원인 석유 가격이 하락하고 관광수입이 감
소하였으며, 경기가 위축되면서 부채, 물가, 실업 관련 경제지표도 악화되
었다. 이미 세계 최고의 불평등과 실업률 수준을 기록하고 있던 이 지역 상
황이 더 악화된 것이다. 2020년 '아랍 청년 조사Arab Youth Survey'의 결과에 따
르면, 응답자의 20%는 가족구성원 중 한 사람이 팬데믹 상황에서 일자리를
잃었다고 답했다. 코로나19가 계층을 가리지 않는다는 점에서 노동자 및
도시빈민들은 상대적으로 더 심각한 경제적 피해를 입었으며 열악한 노동
조건과 주거조건은 코로나19가 확산되기 좋은 환경으로 작용했다. 레바논
은 거의 모든 악재가 작용한 사례다. 2019년 이후 레바논 사회가 겪고 있는
심각한 사회경제적 위기 속에 코로나19가 확산되었고, 그 와중에 베이루트
를 초토화시킨 유례없는 폭발사고가 발생했다. 그리고 이러한 가운데 민주

주의 혁명이 진행되고 있기도 하다. 참담한 경제 상황 속에서, 그리고 열악한 의료체계하에서 코로나19에 대한 대응은 난항을 거듭했고 대다수의 국민에게 큰 피해를 가져왔다.

혁명과 전쟁

코로나19 팬데믹이 아랍의 봄 이후 지역을 달리하면서 이어지고 있는 혁명운동에 끼친 영향은 이중적이다. 한편으로는 비상사태 선포나 거리두기와 같은 방역조치가 집회나 시위에 장애물로 작용하였다. 반면에 빈곤, 불평등, 권력독점 등 저항을 낳은 원인들이 코로나19 상황에서 더 악화되어 사회갈등을 심화시키는 측면도 있다. 튀니지, 수단 등 일정 정도 혁명의 성과가 있었던 지역에서 팬데믹은 새로운 정권이나 민주주의 제도를 시험대에 오르게 했다. 아랍의 봄의 진원지였던 튀니지에서는 2021년 1월 저항운동이 다시 분출하고 7월에는 대통령에 의해 수상 해임과 의회기능 정지조치가 내려졌다. 그런데 그 배경 중 하나가 바로 코로나19로 인한 경제상황 악화와 정부 방역정책에 대한 불만이었다. 당시 아프리카 전역과 이란, 이라크 등 중동 일부 지역에 제3차 유행이 나타났는데 튀니지의 상황이 매우 심각했던 것이다. 인구 1,100만 명 정도인 작은 국가에서 하루 1만 명에 가까운 확진자가 나온 것이다. 이 시기를 전후해 코로나19 팬데믹이 시작된 이후 최고의 수치를 기록한 것이다. 수단에서는 2018년 12월 독재 타도 이후 3년 만에 치러질 선거를 준비 중인 과도정부가 코로나19 방역의 과제까지 짊어지게 되었다. 체제 전환이 코로나19 사태와 맞물린 것이다. 경제학자였던 압달라 함독이 이끄는 과도정부는 오마르 엘 베시르 정권으로부터 물려받은 열악한 의료체계로 또 하나의 도전에 지면한 것이다.

코로나19 사태가 보다 반동적인 흐름에 이용되기도 했다. 거리두기 조치나 비상사태 선포를 집회나 표현의 자유, 그리고 인권을 침해하는 빌미로 사용되면서 국민의 저항을 주춤하게 만드는 효과를 보인 것이다. 예를 들어 압델아지즈 부테플리카A. Bouteflika 대통령을 끌어내리기는 했지만 구체제의 인사들이 정권을 장악한 알제리에서는 코로나19 사태 초기에 당시 1년 이상 지속되어온 정례적인 시위가 금지되는 상황이 발생했다. 이렇게 코로나19 사태가 혁명의 기운이 아직은 남아 있는 이 지역에서의 변혁의 움직임을 잠재우는 장애물이 되었지만, 팬데믹 사태로 심화된 사회갈등이 저항에 다시 불을 붙일 가능성이 있다는 견해도 있다.

혁명의 부산물로 전쟁을 겪고 있는 나라들의 상황이 보다 심각할 것이라 예상하기는 어렵지 않다. 10년을 넘긴 내전, 그와 무관하지 않은 초유의 기아사태, 그리고 양자의 산물이라고도 할 수 있는 2017년 최악의 콜레라 사태는 뒤이어 닥친 또 다른 감염병에 대처할 예멘의 의료체계를 붕괴시켰다. 그래서 인도주의적인 위기가 심화되고 있지만, 전쟁은 멈추지 않고 있으며 절망적인 상황은 전쟁과 극단주의를 부추기고 있다. 리비아 역시 전쟁 상황은 팬데믹에 대한 대응을 어렵게 만들었다. 리비아의 의료체계 역시 수년 간의 내전으로 타격을 입은데다가 튀니지와의 국경이 폐쇄된 것도 대응을 어렵게 하는 요인으로 작용했다. 시리아는 코로나19 감염세가 상대적으로 약했지만, 주변국 등 외부세계의 지원이 어려워지고 더욱 고립됨에 따라 경제적인 어려움이 더 심각해졌다.

소수자

소수자는 위험한 존재인가, 위험에 취약한 존재인가? 소수자가 사회를 위험에 빠트리는 사례를 찾기는 힘들며 재난은 다수자보다 소수자의 물리적 안전과 사회적 안전을 더 크게 위협한다. 이스라엘 점령지의 팔레스타인인 주민들의 백신접종 배제, 감염 위험이 높은 난민촌의 열악한 주거조건, 팬데믹 상황에서 걸프협력회의GCC 국가들의 후견인제도가 이주민에게 미치는 해악적인 결과, 리비아에서 내전으로 인해 적대적인 부족이 장악하고 있는 지역의 병원을 이용하지 못하는 사례 등 이를 뒷받침하는 사례를 찾기는 어렵지 않다.

여성

중동 · 북아프리카 지역에서 여성이 소수자의 위치에 있다는 것은 명백하며 코로나19 사태의 타격을 가장 많이 받고 있는 집단 중 하나일 것이다. 먼저 늘어나는 케어 부담, 위태로운 일자리, 악화되는 가정폭력과 같은 익숙한 목록이 이 지역의 여성들에게도 적용될 수 있다. 이 지역 대다수 국가들에서 실시된 바 있는 봉쇄조치는 가정에서 여성의 가사노동이나 케어노동을 늘리는 결과를 낳았으며 더불어 가정폭력의 위험도 커졌다. 일에 있어서도 이 지역 여성들이 주로 종사하고 있는 가사서비스 등 대인서비스나 경공업 분야 제조업이 코로나19의 타격을 크게 받은 분야여서 상시적인 해고위험에 노출되어 있다. 여성들에게 흔한 시간제 일자리나 비공식 부문의 일자리가 고용불안이 큰 고용형태라는 점도 여성들에게 불리하게 작용하고 있다. 교육, 보건의료 부문에서 일하는 여성들의 경우에는 공공부문이라는 이점은 있지만 또 다른 이유로 피해를 입고 있다. 가정과 함께 의료,

교육 등 코로나19 방역의 최전선을 담당하는 여성들이 더 큰 감염의 위험에 노출되었으며, 동시에 더 높아진 노동강도로 고통을 겪은 것이다.

중동·북아프리카 지역에서 일하는 여성의 상당수는 이주노동자이며 이주노동자의 상당수가 여성이다. 그런데 이들은 주목받지 못하는 존재이며 이렇게 관심이 덜한 집단의 상황은 대개 열악하다. 국제노동기구ILO에 따르면, 전 세계 이주노동자의 42%는 여성이며 전 세계 여성 노동자의 61%는 비공식 부문 종사자다.[2] 비공식 부문은 고용조건이 열악할 뿐 아니라 매우 불안정하여 코로나19 사태와 같은 변수가 생길 때 일자리를 잃을 가능성이 공식 부문보다 훨씬 더 크다. 밀린 임금을 받기 어려우며 코로나19 상황이라 본국으로 귀환하기도 어렵다. 비공식 부문에 종사하는 이주여성 중 미등록 상태인 경우는 권리를 주장하거나 코로나19 감염 시 적절한 치료를 받기 어렵다. 코로나19로 인한 일자리 감축이 특히 많이 이루어진 대인서비스 분야 여성 이주민의 경우에는 실업 가능성이 더 높고, 이 때문에 배우자에 대한 의존도가 더 커지는 측면도 있다. 코로나19 사태가 기존의 성불평등을 더 악화시킬 수 있고 몇몇 분야에서 어렵게 만들어진 성별 격차의 완화 추세가 역전될 수도 있는 것이다.

난민과 이주민

시리아, 예멘, 리비아, 이라크 등지에서 전개된 전쟁은 대량난민 현상을 초래했다. 난민들은 난민촌이나 도시지역의 좁은 공간에서 다수가 비위생적이고 밀집된 상태로 거주하기 때문에 코로나19 감염 가능성이 높을 수 있다. 시리아 북동부 지역에는 현재에도 3백만이 넘는 사람들이 난민촌에 거주하고 있다. 이러한 상황에서 쉽게 집단감염 현상이 벌어지곤 한다. 생필품 부족과 열악한 의료상황은 피해를 더 키우는 요인으로 작용한다. 난민들의 일자리나 생계에 대한 위험도 크다. 이보다 낫긴 하지만 걸프만 산유국 등지에서 일하는 이주민 역시 밀집되고 위생상태가 열악한 시설에서 거주함으로써 감염의 위험이 크다.

감염의 위험과 함께 또 다른 사회적 위험이 이들의 삶을 위태롭게 하고 있다. 바로 실직과 추방의 위험, 그리고 이를 배경으로 심해지는 외국인혐오증이다. 6개 걸프협력회의 회원국에는 3,500만 명의 이주노동자가 있으며 전체 국민의 절반이 이주민 출신이다. 그런데 코로나19 사태를 배경으로 10여 년 전부터 추진되고 있는 노동력의 '민족화' 정책이 더 강화되고 있다. 높은 이주민 비율을 줄이고 자국민의 고용을 늘리는 것이다. 예를 들어 2011년 초 사우디아라비아는 니타카트Nitaqat라는 명칭의 고용체계를 도입했다. 이 체계는 사우디 국민을 채용하는 사우디 기업에 인센티브를 제공하는 것이다. 10인 이상의 모든 기업에 적용된 것으로, 해당 기업에서 일하는 노동자의 수가 630만 명에 이를 정도였다.

이후에는 직원 중 국민이 차지하는 정도job Saudization에 따라 기업들을 4가지 유형으로 구분해 보상과 제재를 부과했다. 제재의 내용은 외국인의 신규 채용과 채용되어 있는 외국인의 비자 연장을 금지하는 것이다. 보상은 외국인 신규 채용을 허용하고 사우디를 떠나는 노동자 2명당 1명의 신규 비자 발급을 제공하는 것 등이었다.[3] 이러한 조치의 배경을 보면, 이미 코로나19 이전부터 나타난 석유 부문의 침체가 내국인들이 보다 열악한 민간기업의 일자리라도 가지려는 경향을 낳았고, 그러면서 기존에 이 자리를 점하고 있던 외국인 노동자들이 쫓겨나게 된 것이다. 국가의 입장에서 보면, 석유 수입에 의존했던 국가가 유가 하락으로 기존의 복지수준을 유지하지 못하게 됨에 따라 민간부문 일자리를 자국민들에게 더 많이 제공하는 식으로 통합과 사회적 평화를 유지하는 방식을 강구한 것으로 볼 수 있다. 그 결과는 일반적으로 이주민들이 토박이의 일자리를 빼앗는다는 익숙한 편견과는 정반대의 양상이었다.

오만 정부는 배달 서비스와 같이 오만인들도 쉽게 할 수 있는 분야의 노동력을 '오만화'하는 정책을 추진했다. 의료분야에서 일하는 외국인 노동자들도 일자리의 민족화 정책의 일환으로 내국인을 채용하게 됨에 따라 해고의 위험에 처하게 됐다. 바레인에서도 교육, 의료 분야에서 자국민을 우선 채용하는 법안이 제출됐다. 민간 병원의 경우 50%를 자국민으로 채우는 것을 목표로 하고 있다. 장기불황을 배경으로 이주민 유입을 금지시키고 체류조건을 까다롭게 하는 식의 억압적인 이주민정책을 펴온 유럽의 전례를 이제 이주민들이 선호하는 또 다른 지역인 중동 산유국도 따르기 시작한 것이다.

쿠웨이트는 2023년 현재 전체 인구 431만 명의 70%에 달하는 이주배경 주민의 비율을 30%로 낮추는 계획을 추진하고 있다. 또한 대학 학위가 없는 60세 이상의 이주민들에게 노동비자 갱신이나 신규 발급을 중단하는 조치를 내린 바 있다. 이는 현재 92만 명인 인도인(인도 국적자와 쿠웨이트 국적자)과 52만 명인 이집트 출신 이주민의 수를 절반으로 줄이는 것을 의미한다. 이를 배경으로 코로나19 사태로 악화된 경제상황의 책임을 이주민 탓으로 돌리는 경향도 나타났다. 감염병이 외부에서 들어와 개인뿐 아니라 사회에 타격을 가한다는 점에서, 사실은 감염병과 전혀 무관한 이주민이 문제의 원인으로 간주되는 것이다. 최근 기승을 부리는 외국인혐오증은 코로나19라는 자연현상이 만들어낸 것이 아니라, 팬데믹 이전에 존재했던 사회구조, 그리고 코로나19 이후에 나타난 사회적 대응의 산물인 것이다.

코로나19 사태와 사회변동

지난 한 세대만 보더라도 중동·북아프리카 지역은 이슬람주의, 아랍의 봄, 전쟁과 테러리즘 등 강력한 정치사회적인 변화를 경험했다. 돌이켜보면 이 각각의 사건을 겪을 때만 해도 많은 사람들이 이것이 영원할 것 같았고 이 지역이 겪을 수밖에 없는 필연적인 현상이라는 생각을 하였고 이제 새로운 시대가 올 것이라는 생각을 했다. 그런데 장기적으로 평가해보면 사회는 이전과 크게 달라지지 않은 것을 발견하기도 한다. 마찬가지로 코로나19 사태가 이 지역에 미친 영향이 크다 할지라도, 아랍의 봄조차 주지 못한 긍정적인 전망을 재난에서 찾는 것은 비현실적이다. 다만 작지만 사회구조의 변화를 모색하는 계기로서의 역할을 기대할 수는 있다. 더 민주적이고 평등하고 안전한 사회를 만들어가는 계기가 될 수 있다는 것이다. 예를 들어 코로나19 상황에서 높아진 비국가 행위자들의 위상을 적극적으로 평가한다거나, 온라인 문화가 발달하면서 행정, 교육, 연구 등 많은 분야에서 새로운 가능성을 탐색하는 것을 생각해볼 수 있다.

이 지역의 코로나19 경험이나 그 사회적 여파는 우리와 크게 다르지 않다. 다만 경제적인 어려움과 폭력적인 상황이 어려움을 가중시키는 요인으로 작용하고 있다. 감염병 확산이라는 보편적인 현상은 매우 낯선 이들을 유사한 고통을 겪는 인류의 일원으로 바라보게 한다. 소수자 문제 역시 보다 보편적인 현상으로 바라볼 수 있다. 즉 감염병 확산을 계기로 여성이 겪는 어려움을 이슬람이나 아랍사회에 존재해온 가부장제의 억압만이 아니라 자본주의 체제에 고유한 억압으로도 이해할 수 있다. 이주민이 겪는 어려움 역시 해묵은 종족 간 갈등이 아니라 내국인과 이주민 간의 생존권 문제로 설명할 수 있는 것이다.

1. 아랍인들의 증오가 향하는 곳

1   Ben Burgis, "No, Left-Wing Opponents of War Aren't Isolationists", *Jacobin*, 2022.4.14.

2   캐서린 문, 2002, 『동맹 속의 섹스』 이정주 역, 삼인.

3   엄한진, 2020, 「예외주의에 갇힌 중동의 소수자 담론」, 『Homo Migrans』, 23권 (Nov. 2020), 92-93쪽.

2. 마스크가 소환한 베일 논쟁

1   Serge Enderlin, "La Suisse adopte «l'initiative anti-burqa» d'une courte majorité", *Le Monde*, 2021.3.7. https://www.lemonde.fr/international/article/2021/03/07/en-suisse-une-votation-sur-le-niqab-ne-masque-pas-la-perte-de-vitesse-de-la-droite-populiste_6072230_3210.html, 2021.5.20. 검색.

2   "Hidjab, niqab, tchador ou burqa?", *La Presse*, 2010.1.26. https://www.lapresse.ca/international/201001/26/01-943044-hidjab-niqab-tchador-ou-burqa.php, 2021.5.20. 검색.

3   Agnès de Féo, 2020, *Derrière le niqab*, Armand Colin.

4   Serge Enderlin, "La Suisse adopte «l'initiative anti-burqa» d'une courte majorité", *Le Monde*, 2021.3.7. https://www.lemonde.fr/international/article/2021/03/07/en-suisse-une-votation-sur-le-niqab-ne-masque-pas-la-perte-de-vitesse-de-la-droite-populiste_6072230_3210.html, 2021.5.20. 검색.

5   Pierre Bourdieu & Abdelmalek Sayad, 1964, *Le déracinement*, Les éditions de minuit.

3. '나쁜 히잡'에 흔들리는 이란 체제

1   https://upload.wikimedia.org/wikipedia/commons/d/de/Iran_solidarity_

demonstration_Berlin_2022-10-22_81.jpg

2   Ali Jafari, "Normes vestimentaires et répression sociale en République islamique d'Iran", *Outre-Terre* 2011/2 (n° 28), pp.277-289.

3   Gilles Paris, "En Iran, «le voile est devenu l'un des rares vestiges religieux d'un régime abusivement présenté comme celui de mollahs»", *Le Monde*, 2022.12.28. https://www.lemonde.fr/idees/article/2022/09/28/iran-le-voile-est-devenu-l-un-des-rares-vestiges-religieux-d-un-regime-abusivement-presente-comme-celui-de-mollahs_6143467_3232.html, 2022.10.15. 검색.

4. 코로나19 팬데믹과 소수자

1   https://upload.wikimedia.org/wikipedia/commons/e/ef/Boy_wearing_a_mask_during_the_COVID-19_pandemic_in_Egypt_-_Inbound8844811027769309500.jpg

2   "Who are the women on the move? A portrait of female migrant workers", ILPSTAT, 2020.12.18. https://ilostat.ilo.org/who-are-the-women-on-the-move-a-portrait-of-female-migrant-workers/, 2021.9.24. 검색.

3   Huda Alsahi, "COVID-19 and the Intensification of the GCC Workforce Nationalization Policies", Arab Reform Initiative, 2020.11.10. https://www.arab-reform.net/publication/covid-19-and-the-intensification-of-the-gcc-workforce-nationalization-policies/, 2021.9.24. 검색.

전쟁과 테러리즘

•

1 호르무즈 해협에 투영된 미-이란 갈등

2019년 9월 14일 사우디아라비아 핵심 원유 생산시설이 무인기(드론) 공격을 빈있다. 이 공격으로 사우디 일일 산유량은 질반 밑으로 떨어졌으며 국제 유가도 급등하면서 세계 경제에 직접적인 타격을 가했다. 예멘 반군이 이 공격을 감행한 것으로 밝혀졌다. 그 배경에는 지난 5년간 사우디가 주도해온 예멘 내전과 수만 명의 희생자, 그리고 국내외로 쫓겨간 수백 만의 난민들이 있다. 그러나 미국은 이 공격의 배후로 이란을 지목하였다. 그러면서 미국의 대 이란 압박은 더욱 고조되었다. 8월에도 유조선 나포 시비로 논란이 일었다. 이란을 둘러싼 당시 정세와 그 배경을 짚어본다.

미국과 이란의 전쟁을 반대하는 시위대의 모습(Karney Hatch, CC BY 2.0 Generic)[1]

유조선 사태

5월 12일 4척의 상선 피격, 6월 13일 오만만에서 2척의 유조선 피격, 6월 20일 미국 정찰용 드론 피격, 7월 4일 지브롤터 해협에서 이란 유조선 나포, 7월 18일 이란 정찰용 드론 피격, 7월 19일 호르무즈 해협에서 영국 유조선 나포.

2019년 페르시아만 등지에서 이란과 연관된 크고 작은 사건들이 연이어 일어났다. 7월에는 영국 국적의 유조선이 이란 혁명수비대에게 나포됐는데, 이란 측은 억류 이유로 항로 이탈, 다른 상선과의 충돌사고, 송수신장치 소등, 석유 밀수 혐의 등 해양법 위반을 내세웠다. 하지만 영국령 지브롤터 해협에서 자국 상선이 나포된 것에 대한 보복이라는 견해가 우세했다. 직전에 발생한 이란 선박 그레이스 1호 억류에 대해 영국은 이 배가 EU의 제재대상국가인 시리아로 향하고 있었기 때문이라고 설명했지만 미국의 요청으로 행해진 것이라는 견해가 많았다. 그런데 이번에는 지브롤터 법정이 마지막 순간까지 이어진 미국의 압력에도 불구하고 계속 억류해둘 법적인 근거가 없다면서 이란 선박의 석방을 결정했다. 이란이 EU 회원국이 아니기 때문에 EU의 제재조치와 무관하며, 이 선박이 혁명수비대와 연관된 선박이어서 문제라는 미국의 주장 역시 혁명수비대가 EU나 영국 또는 지브롤터 법에 테러리즘 조직으로 되어 있지 않다는 것이다. 이 결정은 당초이 나포를 사주한 것으로 지목되는 미국에게는 치욕적인 사건이 됐다.

미국

이 사태로 초래된 페르시아만 지역의 갈등은 전적으로 미국이 계획적으로 추진한 것으로 보인다. 그리고 그 시작은 2018년 5월 트럼프의 핵협정(JCPOA, 포괄적공동행동계획) 탈퇴 선언이었다.[2] 그에 뒤이은 경제제재조치 재개, 페르시아만 지역 군사력 증강 등의 움직임이 유조선 사태로 이어진 것이다 그렇다면 이러한 행보를 통해 미국이 얻고자 했던 바는 무엇인가? 한편으로는 중동 및 중동 석유에 대한 독점적인 지배권을 유지하는 것이고, 다른 한편으로는 핵협정보다 자신의 전략이 이란 핵문제 해결에 더 나은 방안이라는 것을 입증하는 것이다. 오랫동안 마무리 짓지 못한 이란 핵문제를 해결하는 것은 트럼프에게 큰 정치적 성과가 될 것이기 때문이었다.[3] 트럼프는 집권 초기 자신이 세계 각지에서 시도한 일들의 과실을 얻으려 한 것이다. 가장 상황이 좋다고 할 수 있는 북한 문제조차 적어도 지금까지는 뚜렷한 성과를 찾기는 힘들다. 시리아에서도 알 아사드 정권을 쓰러뜨리지 못했다.

유럽

오랫동안 미국은 호르무즈 해협을 통과하는 상선 보호를 목적으로 한 연합 함대 결성을 시도해 왔다. 이에 대해 유럽 주요 국가들은 지정학적으로 민감한 이 지역으로 군대를 파견하는 것을 꺼리고 있는 상황이다. 이 사안에서는 유럽 국가들이 여전히 미국에 제 목소리를 내고 있는 모습이다. 영국, 독일, 프랑스는 미국의 핵협정 탈퇴를 비난했고 이란과의 교역을 지속할 독자적인 방안을 강구해왔다. 그러나 이러한 대응의 결과는 극히 상징적인 차원에 머물렀다. 이란과의 교역 품목이 극히 일부에 국한된 것이었다.

이러한 유럽의 무기력함 또는 형식적인 대응은 최근 격화일로에 있는 미국과 이란의 갈등에서도 확인할 수 있다. 이란 유조선 나포에 대해 영국은 지브롤터 당국이 독자적으로 진행한 작전이라며 책임을 회피했지만 이란은 보복조치로 페르시아만을 지나던 영국 국적 유조선을 나포했다. 영국은 페르시아만에서 자국 상선의 안전보장을 위한 도움을 필요로 하게 되었고 사태가 진행되는 와중에 총리직을 맡게 된 보리스 존슨은 미국의 보호에서 해결책을 찾게 된다. 독일 역시 선명한 행보를 보이지 못하고 있다. 독일은 이란문제에서 외교적인 해결책을 주창해왔고 최근 미국의 연합함대 참여 요구에 대해서도 소극적인 태도를 보였다. 그러나 독일 국방장관은 유럽 차원의 독자적인 작전에는 반대하지 않는다고 했다. 또한 미국 주도의 작전 참여도 완전히 배제하고 있지는 않다.[4]

호르무즈 해협

위에서 언급한 일련의 사태로 호르무즈 해협이 다시 한번 주목을 받았다. 이 해협은 고대부터 지정학적으로 중요한 곳이었다. 조여진 목의 형상을 지닌데다가 해협 봉쇄가 자주 거론되면서 세계를 향한 이란의 위협을 상징하기도 하지만, 역사적으로 보면 이란이 중동과 남유럽 지역의 중요한 일원이 되는 통합의 기제 역할도 해왔다. 20세기 후반에 들어서서는 세계 원유의 6분의 1, 액화천연가스의 3분의 1이 통과하는 전략적 요충지이자, 이란과 서방세계 간의 긴장을 상징하는 공간이 되었다. 가장 좁은 지역의 경우 폭이 21마일에 불과한데다 곳곳에 배들이 다니고 있어 운항이 쉽지 않다. 안개도 통행을 어렵게 하는 요인이다.

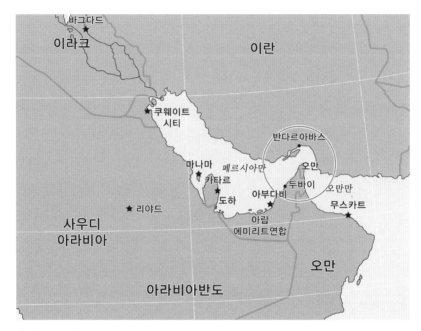

호르무즈 해협

"이 바다가 위험해지면 서방세계 전체가 석유수급을 위협받을 수 있다."[5] 이 해협이 위험한 것은 지리적인 요인 때문만은 아니다. 1980년대부터 이곳은 무력충돌이 주기적으로 발생한 지역이다. 이란-이라크 전쟁 시기에는 500척 이상의 배가 손상을 입어 '유조선 전쟁'이라는 이름을 얻기도 했다. 먼저 이라크가 이란의 해상유전과 유조선 등을 공격했다. 사담 후세인 정권은 이러한 공격을 통해 이란의 극단적인 조치, 즉 호르무즈 해협 봉쇄를 유도하고 이를 빌미로 한 미국의 군사개입을 노렸던 것으로 해석됐다. 양국 모두 경제의 석유 수출 의존도가 매우 높다는 점에서 상대방을 약화시키는 방법으로 유조선 공격을 택한 측면도 있다.

봉쇄

원유를 수송하는 방식에는 두 가지가 있다. 송유관을 통하거나 유조선을 이용해야 한다. 그런데 두 가지 방법 모두 공격에 노출되었다. 다만 두 경우 모두 피해는 미미했다. 그래서 이 사건들이 유가에 별 영향을 미치지 않은 것이다. 그런데 호르무즈 해협 봉쇄는 차원이 다른 문제이다. 왜냐하면 다른 대안이 거의 없기 때문이다.[6]

유력한 대안은 사우디아라비아를 가로질러 홍해에 이르는 거대한 송유관이다. 그러나 운반능력이 현저히 떨어진다. 따라서 호르무즈 해협 봉쇄는 전쟁을 초래할 가능성이 매우 높다. 실제 이란은 미국의 군사적인 위협이나 도발이 있을 경우 호르무즈 해협 봉쇄 카드를 언급해왔다. 예를 들어 1984년 '유조선 전쟁' 당시 폐쇄된 적이 있으며 2011년 미국과 이란이 전쟁 직전에까지 갔던 상황에서 당시 아흐마디네자드 정권은 해협을 봉쇄하겠다고 위협했다. 이란이 최근 다시 이 카드를 꺼내든 것은 미국이 이란 핵협상에서 탈퇴하겠다고 밝힌 직후인 2018년 7월이었다. 그러나 이란 자신도 봉쇄가 불가능한 선택임을 잘 알고 있다. 무자비한 공격을 감수해야 하기 때문이다. 또한 자신들의 주 수입원인 석유도 이 해협을 통과하기 때문이다.

전쟁

"전쟁은 불확실성의 영역이다. 전쟁 행위의 바탕이 되는 요소 중 4분의 3이 불안감을 주는 안개 속에 있다. (…) 전쟁은 우연의 영역이다. 어떤 인간의 행위도 이만큼 우연에 자리를 부여하지는 않는다."(카를 폰 클라우제비츠)[7]

미국과 이란의 갈등을 접하며 가장 많이 떠올리는 질문은 아마 전쟁이 실제 일어날까 하는 것이다. 양측의 언사나 행동을 볼 때 전쟁 가능성을 걱정하지 않을 수 없다. 또한 호르무즈 해협 봉쇄와 같은 조치는 전쟁을 유발할 가능성이 매우 크다. 그러나 클라우제비츠가 위에서 언급한 것보다 현대사회에서 전쟁은 더 많은 변수들이 작용하는 예측 불가능한 것이 되었다. 다만 유사한 경험에서 힌트를 얻을 수는 있을 것이다. 9·11 테러 이후 중동지역에서 전쟁은 더욱 쉽게 일어났고 더 이상 팔레스타인, 레바논 등 특별한 조건을 갖춘 일부 지역에 국한된 것이 아니게 됐다. 보다 많은 곳에서 보다 쉽게 일어나고 쉽게 종결되지도 않는다. 중동지역에서 발발한 전쟁을 살펴보면 공히 심각한 사회혼란의 상태에 있는 지역에서 일어났음을 알 수 있다. 오랜 전쟁으로 사회의 분열이 심각했던 아프가니스탄, 이스라엘의 압력으로 분열을 경험한 팔레스타인, 종교·종족 간 갈등으로 점철된 레바논, 지역 간 갈등이 심했던 리비아 등 심각한 사회분열 상태에서 전쟁이 발생했다. 물론 내적인 상황은 상당부분 외부세계의 압력과 개입의 결과이기도 했다. 최근 이란의 경우도 미국의 경제제재 조치와 함께 민중의 저항으로 위기에 처해 있다. 그렇지만 민중의 이반이나 사회의 분열이 전쟁이 발발했던 지역에 비할 정도는 아니다.

전쟁이 나면 어떤 양상이 벌어질까에 대해서도 관심이 많다. 혁명수비대의 위력을 언급하면서 국제사회는 이란의 군사력에 환상을 가지는 경향이 있다. 그러나 1991년 걸프전 당시 국제사회가 이라크를 세계 4위의 군사대국이라고 평가했지만 불과 며칠 만에 연합군의 폭격에 무너졌던 경험을 떠올릴 필요가 있다. 다만 페르시아만과 호르무즈 해협은 이란의 영해로 매우 익숙한 지역이다. 승리하지는 못하더라도 미국 역시 매우 힘든 싸움을 하게 될 가능성이 있다.[8] 이란이 목표로 삼을 수 있는 것은 이기는 것이 아니라 부분적인 승리 정도일 것이다. 심지어는 심리적인 차원의 승리를 거두기만 해도 되는 것이다.

역사

> "우리는 수천 년 동안 존재해왔다. 우리는 많은 제국의 흥망성쇠를 지켜보았다. 어떤 나라의 역사보다도 오래 존재했던 우리 자신의 제국(페르시아 제국)을 포함해서 말이다."

2019년 7월 22일 '영원한 이란'이라는 테마를 담은 모하마드 자리프 외무장관이 한 이 말은 이란의 결연한 태도와 함께 대미항전의 역사적 정당성을 담고 있다. 그러나 불행히도 이란이 가진 선택지는 많지 않다. 석유시장의 상황을 고려할 때 이란의 석유가 경제적인 무기로 쓸 수 있을 만큼 파괴력을 지닌 것도 아니고 군사력 역시 미국을 괴롭힐 수는 있어도 대적할 만한 수준에는 미치지 못한다. 그보다는 미국과의 긴장상태를 가능한 한 오래 버티는 것이 정권 차원에서 이란이 취할 수 있는 유력한 방안으로 보인다. 2000년대 초반부터 2015년까지 이란은 이러한 저항능력을 보여준 바 있다. 당연히 강대국과의 대치와 외부의 경제제재가 장기화되면 민중의 상황은 피폐해진다. 그러나 정권의 굴복을 가져오지는 않는다. 문제는 외부의 제재가 정권보다 민중을 비참하게 만든다는 점이다. 정권의 향배에 쏠려 있는 논의가 반쪽짜리인 이유다.

2

혁명을 가로막는
중동의 '전쟁상태'

2020년 1월 가셈 솔레이마니Qasem Soleimani 이란 혁명수비대 사령관이 암살되면서 전 세계가 긴장했다. 미국과 이란 간의 전쟁 가능성도 거론됐다. 그러나 이란을 공격하겠다는 미국의 의지나 양국 간의 전쟁 발발에 대한 우려는 이미 익숙해진 지 오래다. 이 사건의 경우에도 과거 걸프전이나 이라크 침공과 같은 식의 전쟁은 재현되지 않았다. 양국은 지난 40년간 제3국이나 제3자를 통해 간접적인 방식으로 대결해왔다. 그럼에도 이제 미국과 이란이 직접, 그리고 전면전으로 맞설 가능성을 배제할 수 없는 것이 현 상황이다. 이 사건 직후 미국과 이란 양측의 국내정치적 상황이 위기의 배경으로 언급됐다. 20세기 이후 양극단을 오갔던 양국의 관계도 재조명됐다. 이 두 측면 이외에도 이란이 팔레스타인을 지지한다는 점, 이라크를 둘러싼 양국의 세력다툼 등이, 미국이 적어도 표면적으로 이란에 대해 극도의 적대감을 보이는 원인이라고 할 수 있다.

그런데 전쟁에 대한 관심이 있기 얼마 전만 해도 중동 및 북아프리카 지역은 2011년 '아랍의 봄'과 같은 저항운동의 부활로 관심을 끌었다. 전쟁과 혁명이 동시대에 진행된다는 단순한 사실에서 이 글은 이렇게 공존하는 혁명과 전쟁이 어떤 관계에 있는지 살펴보고자 한다. 양자의 관계와 관련해 먼저 떠오르는 건 전쟁이나 전쟁 위기론이 사회통합의 기제로 활용되고 사회의 혁명적 변화를 가로막는 역할에 관한 익숙한 설명일 것이다. 전쟁 이데올로기, 간섭 전쟁, 백군, 콘트라 반군 등의 용어가 이 점을 잘 보여준다. 그러나 이러한 측면만 있는 것은 아니다. 역사는 혁명전쟁, 폭력이나 전쟁을 통한 혁명의 많은 사례를 보여주고 있다. 또한 전쟁의 혁명적, 반혁명적 측면이 분리되어 있는 것도 아니다. 프랑스, 러시아, 미국 혁명 등 3대 혁명의 경우에도 전쟁은 혁명과 반혁명이 격돌하는 주된 장이었다.

21세기 중동의 주요 전쟁

2003~현재	이라크 전쟁
2004~현재	예멘 전쟁
2006	파타·하마스 간 팔레스타인 내전
2008	레바논 내전
2011	바레인 내전
2011~현재	시리아 전쟁
2023	이스라엘-하마스 전쟁

중동은 전쟁의 땅인가?

언제부터인가 이슬람 세계 또는 중동은 지역분쟁 또는 전쟁의 대표적인 공간으로 인식되어 왔다. 이러한 대중적인 인식은 무엇보다 현실에 기반을 둔 것이다. 적어도 탈냉전 이후 규모있는 전쟁은 중동이나 그 인근지역에서 발생했기 때문이다. 이러한 현실이 오리엔트 사회의 특징 중 하나로 폭력성과 야만성을 꼽았던 서구의 관념을 지속시키는 자원이 되고 있다. 비잔틴 제국과 페르시아 제국이 격돌하던 난세에 태동한 종교로서 이슬람이 '함께 살기를 원하는' 평화의 종교이며, 이슬람제국이 관용의 모델이었고, 아랍사회가 환대의 문화를 자랑한다는 계몽도 현실의 무게 앞에서는 무력할 수밖에 없다.

최근의 현실이 그리 오래된 것은 아니다. 대부분이 열강의 지배를 받던 20세기 전반부는 물론이고 식민지에서 벗어나 국민국가가 형성된 이후에도 한동안 중동지역은 분쟁의 중심에서 조금 벗어나 있었다. 미국의 군사개입의 역사가 이를 잘 보여준다. 20세기 전반부는 대부분 쿠바, 콜롬비아, 파나마, 온두라스, 멕시코, 니카라과 등 미국의 안뜰인 중앙아메리카 지역이 주된 활동무대였다. 냉전 시대에도 팔레스타인 분쟁 정도를 제외하면 중남미나 동아시아가 개입의 주된 대상이었다. 중동지역이 미국의 군사개입의 대상이 된 것은 1953년 이란의 모사데그 사회주의 정권을 전복시킨 쿠데타부터였다. 모사데그는 민주적인 방식으로 수상에 선출된 직후 석유산업의 국유화 차원에서 영국 소유의 정유회사를 국유화하였다. 이에 반발한 영국은 미국에 개입을 요구했고, 양국은 쿠데타를 사주해 이 좌파민족주의 정권을 전복하게 된다. 그 뒤를 이은 것이 26년 후 민중봉기를 통해 전복된 모하메드 레자 팔라비 왕정이다. 다른 사례로는 1973년 4차 중동전쟁 당시 이스라엘에 군수물자를 지원한 정도였다. 엄밀한 의미에서 중동은 아니지만 1979년부터 CIA를 통해 아프가니스탄 내전(1979~1988년)에 개입하게 된다.

미국의 중동 군사개입이 적극성을 띠게 된 것은 1980년대부터였다. 1979년 이란에서 왕정이 전복되는 혁명이 일어난 이후인 것이다. 이란-이라크 전쟁(1980~1988년)에서 이라크를 지원한 것을 시작으로 1991년에는 유엔과 다국적군의 지원을 안고 걸프전을 일으켰고 1992년에는 소말리아에 개입한다. 특히 2001년 9·11테러에 대한 대응으로 대테러전쟁을 선포하면서 중동은 미국의 주된 군사개입 지역이 된다. 2001년 UN의 승인하에 시작된 아프가니스탄 군사개입은 이후 오랫동안 이어졌고, 2003년 UN의 승인 없이 영국 등 우방국들이 동참한 이라크 전쟁은 2011년까지 지속됐다. 2011년에는 리비아 내전에 개입했고 2014년부터 현재까지 이라크와 시리아 내전에 개입하고 있다.

같은 시기 아프리카 등 세계의 주요 분쟁지역의 상황이 호전되면서 상대적으로 중동이 전쟁의 주요 무대가 된 측면이 있다. 이제 팔레스타인 문제에 국한되었던 중동분쟁이 중동지역 전체로 확산된 명실상부한 중동전쟁이 됐다. 게다가 중동의 전쟁은 끝나지 않을 것 같은 인상을 주고 있다. 중동의 현실은 전쟁은 세계의 자연 상태이며 평화는 노력하지 않으면 이룩할 수 없다는 칸트의 테제를 입증해주는 듯하다. 국가 간의 고전적인 전쟁이나 내전에 해당하는 사례 이외에 미국이나 이스라엘이 친이란계 무장조직에 가하는 것과 같은 간헐적인 공격이나, 이제는 흔해진 테러 사건, 그리고 전쟁이 발발할 수 있는 일족즉발의 상황 등 중동은 항구적인 전쟁상태에 처해 있다고 볼 수 있다.

혁명과 전쟁

혁명과 전쟁은 사전에 예측할 수 없다는 공통점을 지닌다. 매우 드물게 일어나고 매우 극단적인 현상이라는 점에서 충분히 이해가 된다. 10여 년 전부터 중동지역에서 이런 드문 현상이 동시에 나타나고 있다. 여러 지역이 항구적인 전쟁 상태에 있으며, 또한 항구적인 불안정과 저항운동을 경험하고 있기도 하다. 그만큼 이 지역이 겪는 문제가 심각하다는 것을 알 수 있다. 전쟁이라는 용어의 어원이 '문제trouble', '무질서disorder'를 의미하는 독일어 고어 '베라werra'에서 유래했다는 점도 혁명과 전쟁의 긴밀한 연관성을 짐작케 한다.

중동에서 동시대적 현상으로 나타나고 있는 전쟁과 혁명은 어떤 연관성이 있는가? 역사적으로 보면 모든 혁명이 전쟁으로 이어지지는 않았고 반대의 경우도 마찬가지이지만 연관성을 보여준 사례도 있다. 프랑스대혁명이 프랑스 혁명전쟁과 나폴레옹 전쟁으로 이어지고 러시아혁명이 러시아 내전으로 이어진 것처럼 혁명이 전쟁이나 쿠데타로 이어지는 경우가 있다. 러시아혁명은 또한 제1차 세계대전이라는 전쟁의 부산물인 측면이 있으며 중국의 경우처럼 전쟁을 통해 혁명에 성공한 사례도 있다. 중동의 경우에도 이란의 모사데그나 이집트의 나세르 정권이 시도한 혁명은 미국, 영국 등 외세의 군사개입으로 이어졌으며, 이란은 이라크와의 오랜 전쟁이 끝난 직후 혁명이 일어났다. 세계적으로도 예외적인 경우지만 알제리는 전쟁을 통해 독립혁명을 달성했다. 보다 최근에는 '아랍의 봄'이라는 민주주의 혁명이 리비아와 시리아 등지에서 내전으로 이어졌다. 전쟁의 성격에 따라 구분해보면, 전쟁을 통해 혁명을 달성하거나 확산시키는 혁명전쟁과 국내외적인 기존질서를 유지하고 혁명적인 변화를 저지하는 반혁명적 성격의 전쟁으로 나눌 수 있을 것이다. 중동지역에서 혁명이 충분한 성과를 거두지 못하는 것과 전쟁상태가 지속되는 것은 상호 연관되어 있다고 볼 수 있으며 이 점에서 전쟁의 반혁명적 측면을 검토할 필요성이 있다.

전쟁의 반혁명적 기능

전쟁은 어떻게 혁명의 길을 가로막고 있는가? 이 점을 검토하기 전에 먼저 중동에서 혁명이 의미하는 바에 대해 살펴보자. 2011년부터 이어져 오고 있는 저항운동이 제기하는 과제에서 혁명의 성격을 찾아볼 수 있다. 시위대의 구호에서 공통적으로 제기된 것은 사회경제적인 문제의 해결, 권력구조 등 사회체제의 근본적인 변화, 외세의 배격 등이다. 레바논이나 이라크와 같이 역사적인 이유나 외세 개입으로 집단 간 갈등이 심한 사회는 사회통합의 과제가 강조된다.

그런데 적어도 최근 중동에서 진행되고 있는 전쟁은 불가피하게 또는 의도적으로 이 과제의 실현을 어렵게 하고 있다. 리비아, 시리아, 예멘의 민주화는 내전으로 좌초됐고 이란의 신정체제 종식 역시 미국과의 군사적인 갈등이 가로막고 있다. 미국과 이란이라는 외세에 대한 거부가 중요한 축이었던 이라크 저항운동이 격렬하게 진행된 이후 바로 이 두 나라가 이라크를 무대로 전쟁 분위기를 만들면서 변화를 저지하고 있다. 이미 오래된 것이지만 이스라엘이 지속시키고 있는 전쟁 상황은 팔레스타인인들의 국민국가 건설의 길을 가로막고 있으며, 이라크와 리비아의 내전은 사회통합을 요원하게 만들고 있다. 전쟁은 또한 퇴행적인 세력에 면죄부를 주거나 도움을 주기도 한다. 예를 들어 아프가니스탄이나 이라크 등지에서 다국적군이나 미군의 군사개입이 이슬람 무장세력의 명분과 기반을 강화시켰다. 외세가 중요한 역할을 하는 중동의 전쟁은 내부의 반혁명세력과 함께 갈라진 중동, 무질서한 중동을 현재의 상태로 유지시키려는 시도인 것이다. 이런 의미에서 전쟁이 반혁명적 성격을 띤다고 말할 수 있다.

반혁명 전쟁

과거 프랑스는 알제리 독립전쟁을 '혁명의 나라' 프랑스를 거부하는 반혁명세력의 전쟁이라는 의미에서 '반혁명전쟁'이라고 불렀다. 역으로 자신들이 수행하는 전쟁은 혁명전쟁이었던 것이다. 그리고 이 혁명전쟁은 마오쩌둥 Mao Zedong, 毛澤東이 주창한 혁명전쟁을 모방해 피식민지인들의 마음을 사는 새로운 방식의 정복전쟁이었다. 이렇게 혁명이 긍정적인 것으로 인식됐던 시대가 있었다. 용어는 달라졌지만 지금도 외세는 자신들의 개입은 긍정적이고 진보적인 것으로, 저항세력의 행위는 부정적인 것으로 만들면서 소위 '대반란전counter-insurgency, COIN'을 수행한다.

반란을 진압하는 개입을 정당화하는 근거는 다양하다. 형식적이고 많은 경우 거짓이지만 다양한 가치들이 자신들이 지배하는 세계체제에 대한 반란을 진압하는 군사개입의 명분으로 제시됐다. 특히 우아하게 민주주의, 인권, 자유를 내세우며 서구의 책임론이 거론됐다. 자유와 민주주의만이 '자신들로부터' 평화와 안정을 보장받을 수 있다는 협박성 담론이었다. 오리엔트 사회가 지닌 전통으로 부족의 연대, 권위주의 문화, 정체 등을 언급하면서 민족, 민주, 진보의 과제를 스스로 달성하기 어렵다는 오리엔탈리즘이 전쟁 담론으로 동원되어 왔다. 사실 이제는 명분이 대단치 않아도 군사개입은 가능해졌다. 역사상 그 어느 때보다 서구는 쉽게 중동지역에 개입하고 있다. 당사국의 요청도 안보리의 승인도 없는 상황에서 이루어지는 미국 등 서구의 개입은 매우 놀라운 현상이다.

당연히 군사개입의 명분은 결코 실현되지 않는다. 정반대의 결과가 초래되는 것이 더 일반적이다. 그 주된 이유는 일부 주변국을 포함해 외세는 결코 민주주의, 인권, 자유, 안정, 통합, 평화를 원치 않기 때문이다. 이러한 긍정적인 상태는 이권을 챙기기 어렵게 하고 개입의 빌미가 줄어드는 등 자신들의 입지를 약하시킬 가능성이 크기 때문이다. 흔들리지 않는 미국이 대중동정책 목표가 '중동의 무질서'라는 점을 되새길 필요가 있다. 2000년대 중동이 경험하고 있는 영구적인 혼돈과 전쟁상태를 극복하는 길은 현재 아래로부터 수행되고 있는 혁명의 과제를 달성하고 반혁명을 저지하는 것이다.

3 이슬람 세계의 '위드 테러리즘'

사건이 환기시키는 테러리즘

몇 가지 사건이 세계의 이목을 끌었다. 먼저 2021년 8월 15일 탈레반이 20년 만에 미군과 나토군이 떠난 카불에 입성하면서 정권을 되찾았다. 그리고 8월 26일에는 카불 국제공항 인근에서 자살폭탄테러가 발생하여 170명 이상이 희생됐다. IS 호라산의 소행으로 알려졌다. 10월 13일에는 노르웨이 남동부 지역의 인구 2만 5천 명의 소도시 콩스베르크에서 화살 공격으로 5명이 사망하고 2명이 다치는 사건이 발생했다. 범인은 덴마크 국적의 37세 남성으로 이슬람으로 개종한 이였다. 사건 발생 다음날, 정보기관은 이슬람주의 테러 가능성을 언급했다. 잠정적으로 추정되는 범행의 동기는 2011년 노르웨이에서 77명을 죽음에 이르게 한 브레이빅의 테러를 연상케

하며, 범행의 방법은 영화 〈케빈에 대하여〉(2010년)를 떠올리게 한다. 10월 15일에는 영국 보수당 하원의원이 지역구 주민들과의 거리 모임 중 소말리아계 영국인에 의해 살해되는 사건도 있었다. 경찰은 이 사건을 테러 행위로 규정했고 이슬람 극단주의자가 범인이라고 발표했다.

각 사건은 해당 국가 고유의 맥락에서 발생했지만, 이슬람이라는 공통점이 발견되며 연관된 현상이라고 여겨지기도 한다. 이렇게 우리 주변에는 또 하나의 위험이 있다. 이슬람 테러리즘[1]이라고 불리는 현상이다. 이는 전 세계가 심각하게 경험한 코로나19 팬데믹을 떠올리게 한다. 둘 다 글로벌한 현상이며 여러 지역으로 확산되기 때문이다. 또 언제 어디서 발생할지 몰라 예방이 어렵고 종식시키기 어려운 점도 비슷하다. 이제 세계는 위드 코로나19를 인정하듯 '위드 테러리즘'의 시대를 살고 있다.

테러 확산에 대한 엇갈린 전망

많은 사람이 탈레반의 권력 장악에 우려를 표하지만, 한편에선 미군의 철수에 따른 변화를 이슬람주의자들의 끈질긴 투쟁의 결과로 높게 평가하기도 한다. 자신들의 존재 이유 중 하나로 외세에 대한 투쟁을 표방하는 이슬람주의자들에게 이 사건이 승리로 받아들여지는 것은 이상할 것이 없다. 이와 함께 탈레반의 정권 장악이 이슬람 테러리즘에 미칠 영향에도 관심이 많다. 미디어는 대체로 테러리즘이 다시 기승을 부릴 것이라는 논조로 이야기한다. 광범위한 지역에 기반을 갖춘 탈레반에게 테러는 필수요소가 아니기만, 탈레반과 긴밀한 협력관계를 유지해온 알카에다의 향후 행보가 우려스럽기 때문이다. 미국과 나토 점령 시절보다 조직원 충원과 테러 준비 및 실행 등이 더욱 용이해질 것이다. 이번 카불 장악 후 탈레반이 수천 명의 수감자를 석방했는데 그중에는 알카에다 조직원도 상당수다. 이 역시 비관적인 전망의 근거로 꼽힌다.

반면 이러한 전망이 과도하다는 근거도 상당하다. 먼저 알카에다의 최근 행보를 보면 테러를 저지른 사례가 아주 적다. 반면 2021년 카불 국제공항 테러를 비롯해 세계 각지에서 일어난 테러에 직간접적으로 연루되어 있는 IS에 대한 우려는 이보다 크다. 2020년 도하 협정을 통해 미군 철수의 대가로 이 지역의 테러를 근절한다는 약속이 있었음에도, 상황은 반대로 흘러가고 있다. 다만 이들이 탈레반과 적대적인 관계라는 점에서 이후 활동에 제약이 따를 것으로 보인다. 탈레반, 알카에다, IS 등 아프가니스탄이나 중동 지역에 기반을 둔 무장 세력이 유럽이나 미국에 테러를 확산시킬 가능성에 대한 반론도 가능하다. 벨기에나 프랑스에서 테러를 준비하는 것이 아프가니스탄, 파키스탄이나 시리아에서보다 훨씬 용이할 것이라는 점을 고려하면 탈레반의 권력 장악이 유럽이나 미국에 미칠 영향에 관한 전망은 과도한 우려라고 할 수 있다.

하지만 지나치게 낙관적인 해석도 경계해야 할 것이다. IS에 대한 관심이 시들해지면서 아랍의 봄이라는 보편적인 성격의 정치변동이 그 자리를 대체했고 이제 테러리즘은 단발적인 사건 정도로 받아들여지는 경향이 있다. 그러나 몇 개월 주기로 존재를 환기시키는 극적인 사건이 발생한다. 테러리즘을 주된 활동방식으로 삼는 세력의 활동은 멈추지 않고, 이들에 대한 대중의 관심과 참여 역시 여전하다. 테러리즘은 어떤 목표를 달성하기 위한 방법이다. 그러나 이에 대한 강한 믿음이 형성되면 테러리즘 자체가 신봉의 대상이 될 수 있다. 그리고 이러한 신비주의적인 이념의 탄생은 세속적인 혁명이나 개혁의 실패에서 비롯되는 경향이 있다. 1848년 혁명의 실패나 제정 러시아의 개혁이 무정부주의와 테러리즘을 낳던 것처럼, 아랍의 봄의 실패가 극단주의의 부활을 자극할 수 있는 것이다. IS의 사례가 이미 이 점을 입증한 바 있다. 한때 아랍의 봄의 결실을 이슬람 세력이 가져가는 듯했으나 이후 이슬람주의의 정치적인 길, 평화적인 길이 난관에 봉착했다. 다시 극단적인 노선 외에는 방법이 없다는 인식이 확산됐고, 그것이 IS에 대한 지지로 이어졌다.

위드 테러리즘

이슬람 테러리즘은 무엇보다 아랍 세계의 현상이다. 아랍 세계는 아랍의 봄 이전까지만 해도 이슬람세계에서, 더 나아가 전 세계에서 가장 권위적이고 억압적이고 부패한 면모를 보였다. 민주주의 제도를 통한 권력 장악이 어렵게 되자, 자신의 영향력을 키우고 대중의 관심을 끌 수 있는 '테러리즘'이라는 극적인 방식이 대두됐다. 하지만 이슬람주의자들의 테러리즘 노선의 효과는 제한적이었다. 이슬람 테러리즘의 중심인 아랍 세계의 어느 국가에서도 테러리즘 세력이 정권을 잡지는 못했다.

물론 그렇다고 테러리즘이 사라진 것은 아니다. 지난 20년간 이슬람 테러리즘이 확연히 약화했다고 볼 수도 없다. 중동 및 북아프리카, 또는 아프가니스탄이나 사하라 이남 아프리카 어느 곳에서도 사회의 현실은 결코 확연히 나아지지 않았다. 그만큼 급진세력의 메시지와 행위 역시 그 효력이 유지되고 있다. 이슬람 테러리즘은 중동의 시민사회와 정치사회를 좌우하는 요소로 자리를 잡았다. 많은 나라에서 치안을 위협하는 중요한 현상이 됐기 때문에 가볍게 다뤄서는 안 될 것이다. 테러를 저지르는 이는 극소수이기 때문에 이슬람이나 무슬림을 테러리즘과 연계시키는 것 역시 지양해야 한다. 다만 이 극소수의 행위는 무기나 은신처를 제공하는 후원자들과, 더 나아가 소극적으로 테러 행위를 지지하는 광범위한 집단과 함께 존재한다.

테러리즘의 행위자들

테러리즘의 현황을 살펴보기 위해 이슬람 테러리즘을 대표하는 조직이나 지역의 현황을 살펴볼 필요가 있다. 9·11테러 이후엔 알카에다와 탈레반이, 시리아내전 이후에는 IS가 이슬람 테러리즘을 대표하는 조직이었다. 여기에 아프리카에서 활동하는 보코하람이라는 존재가 테러리즘이 중동에 국한된 것이 아니며, 세계 어느 지역에서도 생겨날 수 있음을 보여주는 역할을 하였다. 알카에다와 탈레반은 1980년대 말 대소항쟁과 1990년대 초 아프가니스탄 내부의 주도권 싸움을 거치며 성장한 조직이다. 반면 IS는 그보다 훨씬 뒤인 2003년 미국의 이라크 침공에 대응하기 위해 알카에다가 건설한 조직에 뿌리를 두고 있다. 2007년 미군 진주 이후 수년간 자취를 감추었던 IS는 2011년경부터 활동을 재개하게 된다.

　우선 탈레반의 관심은 아프가니스탄에 국한되어 있다. 탈레반의 극단주의는 자국 내부에서 이슬람법을 집행하는 방식으로 나타났다. 1990년대 집권 당시 특히 여성에 대해 극단적인 정책을 펴 위반자에 대해 공개처형,

매질, 사지절단 등의 처벌을 가했다. 탈레반의 재집권 후 아프가니스탄인들의 엑소더스가 나타난 것은 이러한 전례가 되풀이될 수 있다는 두려움 때문이다.

반면 알카에다나 IS는 글로벌한 차원의 야심이 있다. 알카에다의 퍼포먼스 공간은 중동이라는 이슬람 세계의 중심부가 아닌 아프가니스탄, 보스니아, 체첸, 카슈미르 등 주변부였다. 중동에서 세력을 유지하는 경우는 오랜 내전으로 피폐해진 예멘 정도다. IS는 알카에다보다 더 폭력적인 성향을 보여 왔다. 2014~2017년 시리아와 이라크의 상당부분을 장악했으나 이후 세력을 잃게 된다. 시리아의 마지막 근거지를 빼앗긴 뒤에는 2019년 3월 이슬람 초기 칼리프 제도를 복원하려는 시도가 실패했음을 선언하게 되고, 그해 10월에는 조직의 일인자 알 바그다디가 사망한다. 그러나 완전히 해체된 것은 아니며 지하활동으로 명맥을 유지하고 있다.

이슬람 급진주의의 새로운 시장은 바로 사헬Sahel 지역이다. 이곳은 사하라 사막 남부를 동서로 잇는 띠 모양이 지대다. 세네갈, 모리타니, 말리, 부르키나파소, 니제르, 나이지리아, 차드, 수단의 일부 지역에 걸쳐 있다. 이 지역은 사막화 진행에 따른 극심한 기아현상을 겪어왔다. 그리고 경제적인 어려움을 배경으로 종족갈등과 같은 사회갈등이 심화했고 이슬람주의는 이를 활용하면서 세력을 확장했다. 폭력성의 정도가 사회문제의 정도에 비례하듯 이 지역의 이슬람주의는 강한 폭력성을 띠고 있다. 테러리즘의 발원지라고 할 수 있는 유럽 역시 지금은 이슬람이 테러리즘의 중심에 있다. 정확하게 이야기하면 1990년대 이후 대부분의 테러리즘이 무슬림이었거나 무슬림으로 개종한 이주민 또는 이주배경 청년에 의한 것이었다. 중동 등 이슬람사회와 다른 것은 보다 개인적인 차원의 행위라는 점이다.

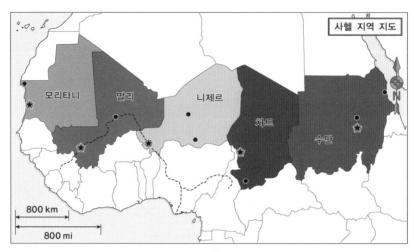

사헬 지역 지도(Peter Fitzgerald, CC BY-SA 3.0)[2]

테러가 발생했을 때 다소 성급하게 언급되는 '외로운 늑대'라는 표현이 의식적으로 이러한 평가로 이끄는 측면도 있다.

또 하나의 테러리즘

우리는 이슬람세계의 테러리즘을 이슬람과 연관지어 해석하는 데 익숙하다. 이때 성전을 의미하는 지하드, 이슬람의 수장이 세속적인 정치까지 관장하는 칼리프 제도의 복원, 이슬람법(샤리아)의 실현, 이슬람을 탄압하는 기독교 서구에 대한 응징 같은 설명이 등장한다. 이와 달리 이슬람 테러리즘을 러시아에서 번성했던 아나키즘으로의 회귀로도 평가할 수 있다. 이슬람주의자들이 가진 이슬람공동체 복원이라는 이상은 러시아 인민주의의 전통적인 농촌공동체(미르)의 이상화를 떠올리게 한다. 러시아 무정부주의자들은 언어를 통한 설득보다 행위를 통한 메시지 전달을 중시했다. 이러한 태도는 이슬람 테러리즘으로 이어지고 있다. 또한 무정부주의의 테러가 인쇄 매체를 통해 그 효력을 발휘할 수 있었듯이 이슬람 테러리즘에서도 영상매체가 필수적인 수단으로 기능한다. 자살폭탄테러에 나서기 직전 결의에 찬 모습을 영상에 담는 등 인터넷을 통한 홍보가 이슬람 테러리즘의 필수요소가 됐다. 이슬람 테러리즘이 제2차 세계대전 당시 독일군에 맞선 레지스탕스의 레토릭을 계승한다고도 볼 수 있다. 하마스라는 명칭은 이슬람 레지스탕스를 의미하며 헤즈볼라의 깃발에는 '레바논의 이슬람 레지스탕스'라고 표기되어 있다. 프랑스 레지스탕스가 독일군에 점령된 지역을 되찾으려 했듯이 알카에다 역시 미군이 주둔해 있는 이슬람 성지의 '회복'을 목표로 제시했다. 시아파만이 아니라 수니파의 테러리즘에서도 발견할 수 있는 메시아주의는 서구에 기원을 두는 유토피아적 종교운동의 일부이기도 하다.

윤리적인 접근을 넘어서

어떤 폭력사건이 테러 행위로 간주되는 순간, 국제사회와 명망가들은 반인륜적인 행위를 비난하는 논평을 쏟아낸다. 미디어로 이 소식을 접한 대중은 내 일처럼 분개하고, 초법적이고도 예외적인 대응을 촉구한다. 테러와 이슬람 급진주의는 동기부터 행위에 이르기까지 비합리적인 측면이 강하다. 이 현상을 대하는 외부세계의 반응 역시 미친가지다. 이성보다 분노, 경멸, 공포 등 감정적인 측면이 강하다. 이해관계가 걸려 있는 경우에는 더욱더 심하다. 예를 들어 테러 경험이 많은 유럽인들이 이성적으로 이 현상을 바라보기는 쉽지 않다. 이로 인해 테러리즘이나 이슬람 급진주의에 대한 논의는 과학적인 면보다 윤리적인 면이 앞서게 된다.

테러리즘을 대하는 자세는 분개와 경멸보다는 치명적인 피해와 사회적 해악을 막아야 한다는 결의로 이어져야 할 것이다. 예상할 수 있듯이 힘으로 억누르기는 어렵다. 테러리즘, 종교적인 극단주의라서 더욱더 그렇다. 비합리적인 행위에 비합리적인 태도로 대응해서는 폭력의 굴레에서 벗어날 수 없다. 그리고 극단의 시대에 환상을 가지지는 말아야 한다. 오래 함께할 수밖에 없다는 비관주의에서 이야기를 시작해야 할 것이다.

1. 호르무즈 해협에 투영된 미-이란 갈등

1   https://upload.wikimedia.org/wikipedia/commons/9/90/No_War_With_Iran_
     Portland_Oregon_2020_%2849374120533%29.jpg

2   2015년 7월 14일 오스트리아 빈에서 미국, 중국, 러시아, 프랑스, 영국 등 안보리
     상임이사국 5개국과 독일, 그리고 이란, 유럽연합의 대표들이 모여 이란 핵협정
     (JCPOA, 포괄적공동행동계획)을 체결했다. 이 협정의 목적은 이란의 핵개발을
     통제하고 그 반대급부로 이란에 가해졌던 경제제재를 해제하는 것이었다. 2003
     년 미국의 이라크 침공 직후 유럽과 이란 간의 핵협상으로 시작된 이란 핵문제가
     12년 만에 해결의 실마리를 찾은 것이다. 그런데 2018년 5월 9일 도널드 트럼프
     의 미국은 핵협정에서 탈퇴했다. 이와 함께 대이란 경제 제재를 3년 만에 부활시
     킨다고 선언했다. 이란에서 석유를 개발하거나 수입하는 기업은 180일 안에, 외
     환 거래, 자동차 산업 분야 기업은 90일 안에 사업을 중단하지 않으면 미국의 제
     재를 받게 되었다.

3   Eric Juillot, "Iran–États-Unis : Aux racines de la crise. Par Éric Juillot", *Les Crises*,
     2019.6.21. https://www.les-crises.fr/iran-etats-unis-aux-racines-de-la-crise-par-eric
     -juillot/, 2019.8.20. 검색.

4   Johannes Stern, "German government and Greens promote military mission in
     Persian Gulf", World Socialist Web Site, 2019.8.10. https://www.wsws.org/en/
     articles/2019/08/10/germ-a10.html, 2019.8.19. 검색.

5   "Comment le détroit d'Ormuz est devenu le théâtre des tensions entre les
     Etats-Unis et l'Iran", *France Info*, 2019.7.19. https://www.francetvinfo.fr/monde/
     usa/comment-le-detroit-d-ormuz-est-devenu-le-theatre-des-tensions-entre-les-etats-
     unis-et-l-iran_3542511.html, 2019.8.20. 검색.

6   "Le détroit d'Ormuz est une artère vitale pour le marché du pétrole", *Iris*, 2019.5.
     16. https://www.iris-france.org/137462-le-detroit-dormuz-est-une-artere-vitale-pour
     -le-marche-du-petrole/, 2019.8.20. 검색.

7   엄한진, 2013, 「새로운 전쟁으로서의 중동전쟁」, 『아세아연구』 56권 4호, 342쪽.

8   "Détroit d'Ormuz : déséquilibre des forces et guérilla navale", *L'Orient-Le Jour*, 2019.6.18. https://www.lorientlejour.com/article/1175289/detroit-dormuz-desequilibre-des-forces-et-guerilla-navale.html, 2019.8.20. 검색.

3. 이슬람 세계의 '위드 테러리즘'

1   이슬람주의는 이슬람법을 사회에 실현하려는 시도를 하는 이데올로기와 사회운
동을 가리키며 이 중 정치참여 및 권력 장악을 시도하는 흐름을 정치적 이슬람이
라고 부른다. 그리고 이 이슬람 정치운동 중 무장투쟁을 하는 조직이 이슬람 무장
세력, 무자헤딘 등으로 불린다. 무장투쟁 조직은 이들이 맞서 싸우는 적이 그들보
다 훨씬 강하기 때문에 전통적인 반군과 달리 게릴라 전술이나 테러 전술을 사용
하는 경우가 많다. 특히 이슬람주의의 성격을 지닌 무장 세력이 테러 전술을 즐겨
사용하기 때문에 이슬람 테러리즘 또는 이슬람주의 테러리즘이라는 용어가 사용
된다. 다만 무슬림이 참여하거나 이슬람사회에서 자행되는 테러 중 상당수는 이
슬람은 외양일 뿐 어느 사회에나 존재하는 억압적인 정권이나 제국주의 세력, 불
평등하고 정의롭지 못한 사회체제에 대한 투쟁과 크게 다르지 않다는 점을 고려
해야 한다.

2   https://wikitravel.org/shared/File:Saharan_Africa_regions_map_(fr).png

혁명

•

1

'아랍의 봄' 10년,
존엄한 삶의 부재

'아랍의 봄'

2010년 12월 17일, 튀니지 중부지역의 낙후된 도시 시디 부지드에서 행상을 하던 청년 모하메드 부아지지가 도시 중심부 광장에서 분신한 뒤 튀니지 전역에서 시위가 발생했다. 이듬해 1월 14일, 당시 대통령이었던 벤 알리Zine El Abidine Ben Ali가 23년의 집권 끝에 사임하고 사우디아라비아로 피신했다. 1월 25일 이집트 카이로에서는 대통령 퇴진 요구 시위가 전개됐고 호스니 무바라크Hosni Mubarak 대통령은 군에 전권을 이양하고 퇴진했다. 3월 6일에는 시리아의 반정부시위가 내전으로 이어지며 현재까지 38만 명 이상이 희생됐다. 10월 20일 리비아에서는 무아마르 카다피Muammar Gaddafi가 트리폴리 함락 후 도주하나 시위대에 살해됐다. 10월 23일 튀니시에서는 최초의 자유선거로 제헌의회 선거가 치러져 이슬람주의 정당 엔나흐다가 의석의 41%를 차지해 제1당이 된다. 2012년 2월 27일 예멘에서는 1년여의 반정부운동 끝에 33년간 집권한 알리 압달라 살레^Ali Abdullah Saleh 가 퇴진한다.

이상은 '아랍의 봄'의 주요 일지다. 유럽의 1848년 혁명 이후 거의 처음으로 10여 개 국가에서 민중의 저항운동이 진행됐다. 시위가 순식간에 혁명으로 전환된 것이 우연은 아니었다. 혁명 세력이 인적 자본, 정당, 구체적인 프로그램을 갖추지 못했음에도 아랍사회가 그만큼 성숙해 있었기 때문에 가능한 일이었다. 즉 그때서야 민주주의와 자유에 눈을 뜬 것은 아니었다. SNS 등 기술적인 요인이나 우연적인 사건이 만든 갑작스러운 일도 아니며, 미국이나 유럽의 '민주주의 증진' 전략의 산물은 더더욱 아닐 것이다. 이미 2010년 이집트의 청년 활동가 할레드 사이드^Khaled Mohammed Said 가 알렉산드리아에서 경찰에 의해 무참하게 폭행을 당한 후 이를 규탄하는 시위가 그해 내내 지속되었다. 당시부터 이집트 등 아랍사회의 균열에 대한 얘기가 회자됐다.[1] 튀니지도 2008년 7월 가프사 지역 광산노동자 시위에서 아랍의 봄의 전조를 찾을 수 있다.

실패한 혁명?

하지만 튀니지를 제외한 모든 나라에서 봄은 오지 않았다. 아랍의 봄은 시작만큼이나 결과도 예상을 뛰어넘은 것이었다. 다양한 양상을 띠었지만 많은 나라가 봉기 이전보다 상황이 더 나빠졌다. 한편에서는 독재의 붕괴를 경험했지만 다른 한편에서는 끝나지 않는 전쟁과 이슬람 초기 칼리프 제도의 복원이라는 초현실적인 상황을 목격했다. 가장 좋은 성과를 만들어냈다는 튀니지조차 현실은 보다 신중한 입장을 요구한다. 외부세계의 평가 역시 대체로 부정적이었다. "정치적 자유는 신장하고 민주주의 제도는 발전했지만 물질적인 상황은 나아지지 않았다." "불평등은 여전하다." 실업이나 기성세대와의 갈등과 같은 청년 문제가 해결되지 않는 현실을 고려할 때 저항은 계속될 것이라는 전망도 나왔다. 아랍의 봄은 실패했는가? 이 흔한 질문에 긍정적으로 답하기는 쉽다. 객관적인 지표들에 따르면, 아랍의 봄의 배경이 된 주된 요인들이 이후 호전되지 않았음을 보여준다. 예를 들어 청년실업은 이집트에서 2010년 28%에서 2017년 34%로, 튀니지에서는 29%에서 35%로 악화됐다. 부의 불평등 역시 심화돼 상위 10%가 전체 부의 61%를 차지함으로써 세계에서 가장 불평등한 지역인 것으로 나타났다.[2]

2019년 10월 레바논의 수도 베이루트 거리를 점거한 시위대의 모습(Shahen Araboghlian, CC BY-SA 4.0)[?]

물론 경제상황이 사회운동의 결과는 아니다. 민중의 삶의 질 개선과 마찬가지로 민주주의의 진보 역시 부정적인 평가가 주를 이룬다.

'실패'의 원인으로는 외세의 개입이나 미약한 노동계급과 같은 요인이 많이 거론된다. 1990~2000년대에 이 지역에 확산된 신자유주의가 혁명의 방식과 경로에 어떤 영향을 미쳤는지 분석한 글에서 아넌 고팔Anand Gopal은 실패의 원인을 신자유주의로 인해 중동 노동계급의 힘이 극도로 약화한 것에서 찾고 있다.[4] 지대경제rentier economy라는 전통적인 산업구조의 특성과 함께 최근의 경제정책이 노동계급과 좌파의 헤게모니를 불가능하게 만들었던 것이다. 또한 그는 왜 아랍 현대사에서 저항운동의 주요 이념이었던 아랍민족주의와 사회주의를 이번 혁명에서는 찾아볼 수 없었는지를 자문한다. 그러면서 아랍 세계 좌파의 풍부한 경험을 고려할 때 이해하기 힘든 이러한 부재 현상에 대해서도 신자유주의로 계급적 측면이 약화된 점을 원인으로 제시하고 있다.

혁명은 계속된다

중동전문가 질베르 아슈카Gilbert Achcar는 "질서가 우세하다"는 로자 룩셈부르크Rosa Luxemburg의 표현을 빌려 아랍의 봄의 암울한 상황을 묘사하고 있다.[5] 그러면서 동시에 활화산처럼 언제 분출할지 모른다고 덧붙인다. 실제 2018년 모로코, 튀니지, 요르단, 수단에 이어, 2019년 수단, 알제리, 이라크, 레바논에서 전개되고 있는 '제2의 물결' 또는 '제2의 혁명'이 지금까지 이어지고 있다. 10년 전 주요 무대가 튀니지, 이집트, 리비아 등 북아프리카였듯이, 지금도 알제리, 수단이 주된 무대다. 중동의 상황은 아랍의 봄과 '제2의 물결'을 거치면서 권위주의 국가가 있는 곳이나, 또는 국가의 부재를 경험하는 곳에서 민중의 저항운동은 언제든 일어날 수 있다는 것을 입증해주고 있다. 이집트에서 엘 시시가 철권통치를 고수하는 등 기존 체제가 유지되고 있지만 시민들은 정당성을 인정하지 않고 있다. 억압적인 방식으로 정권을 유지하기가 쉽지 않을 것이라는 징후도 나타난다. 10년 전보다 열기는 식었지만 저항의 전통이 이어지고 있다. 아랍의 봄이 만든 시위 문화, 즉 SNS를 활용하거나 광장을 점거하는 것, 현장에서 민주주의를 실험하고, 시위가 끝난 후 현장을 청소하는 등의 방식이 아랍 세계 전역에서 목격되고 있다.

혁명 10년의 튀니지

아랍의 봄의 진원지이자 민주화를 경험한 튀니지에서도 저항은 이어지고 있다. 코로나19가 모든 것을 멈춰 세운 시기에도 튀니지 전역에서 파업, 농성, 도로점거를 통해 정권에 대한 불만을 표출했다. 빈민이나 청년뿐 아니라 언론인, 법조인, 간호사 등도 이 대열에 가담했다. 시위대는 일자리, 적정 노동조건, 부패 종식, 물·가스·의료 등 기본적인 공공 서비스의 접근권 보장 등을 요구했다. 당시 역사학자 히다 트릴리Ridha Tlili는 튀니지인들이 겪고 있는 환멸과 환상을 다음과 같이 표현한다. "튀니지는 1월의 환상 속에 산다. 1987년 1월 총파업, 1984년 1월 빵 폭동, 2011년 1월 혁명. 그리고 모든 사람들이 2021년 1월을 생각하고 있다."

튀니지경제사회권포럼FTDES 대표인 압데라만 에딜리Abderrahman Hedhili 역시 유사한 진단을 내놓고 있다.[6] "사회운동이 격화되고 있다. 발전모델의 실패가 자유, 노동, 존엄성을 요구하는 시위의 배경이었다. 그런데 어떤 것도 변하지 않았다." 이 포럼에 따르면 지난 10년간 1백만 명의 어린이와 청소년들이 제도권 교육에서 이탈했다. 그리고 올해만 해도 1만 2천 명이 이탈리아로 건너갔다. 이주를 택한 이들은 말한다. 이제 잃을 것은 아무것도 없다고. 튀니지에서 자신들은 살아있는 것이 아니라고. "이민을 떠나는 것, 여기에서는 그것만이 꿈이다." 고학력자들의 이주는 이제 더 나은 곳을 찾아 떠나는 고전적인 의미에서의 두뇌 유출이 아니라 일자리와 생존이 어려워 반강제적으로 쫓겨나는 것이다.

아랍에미리트의 한 조사기관이 17개 아랍국가의 18~24세 청년들을 대상으로 매년 시행하는 '아랍 청년 조사Arab Youth Survey' 2020년판의 결과에 따르면, 아랍에 거주하는 약 2억 명의 청년 중 42%가 이민을 꿈꾸는 것으로 나타났다. 이 중 15%는 이주를 적극적으로 준비한다고 답했고 25%는 단순히 생각하는 정도였다. 국외이주를 원하는 이유로는 부패를 가장 많이 꼽았지만, 코로나19의 영향도 크다. 중동 역시 세계 다른 지역과 마찬가지로 팬데믹으로 인해 경제가 악화되었다. 아랍국가의 부채가 2020년 크게 증가한 가운데 응답자의 20%는 가족구성원 중 한 사람이 팬데믹 상황에서 일자리를 잃었다고 답했다. 아랍의 봄 10년 후 많은 수의 청년이 오지 않는 미래에 지쳐가고 있는 것이다.[7]

존엄성이 보장되지 않는 자유와 민주

38살의 경영학 박사 베시르 모클린Bechir Mokline은 정부의 교육연구부 건물 앞에서 다음과 같이 외친다. "자유? 존엄성이 보장되지 않는 자유는 엉터리다!" "3천 5백 명의 박사실업자가 있다. 기껏해야 언제 잘릴지 모르는 일자리만 찾을 수 있다. 2016년부터 채용이 멈췄다."[8] 시위대의 리더 중 한 명인 화학박사 마넬 셀미Manel Selmi는 "10년 전 나도 거리에 나섰다. 그때에는 꿈이 많았다." 아랍의 봄을 이끌었던 가치로는 자유, 사회정의, 존엄성 등이 있다. 자유는 표현의 자유, 집회결사의 자유, 정치참여의 기회 보장 등을 의미하고 사회정의는 부정부패와 불평등을 겨냥한 표현일 것이다. 시선을 끄는 것은 존엄성이다. 다소 교과서적인 이 용어가 아랍 세계의 맥락에서는 자유 못지않은 비중을 차지하고 있다. 인간의 존엄성을 보장하는 정도의 고용조건과 권리 보장, 사회의 자존감을 훼손시키지 않을 정도의 대외관계 정도를 의미하는 것이다.

『Où va la Tunisie ? De la révolution à la restauration(튀니지는 어디로 가는가? 혁명에서 복고로)』(2019)의 저자 아템 나프티Hatem Nafti에 따르면[9] 현재 튀니지 국민은 혁명이 한 가지 성과만 낳았다고 생각한다. 표현의 자유가 그것이다. 벤 알리 시대(1987~2011년)에는 튀니지를 지배하는 벤 알리 가문에 대한 농담을 하려면 여러 번 주변을 살펴야 했고 결국 입을 다물 수밖에 없었다고 한다. 이제는 달라졌다. 튀니지인들은 자유롭게 발언할 수 있다. 자유의 신장과 함께 민주주의 제도가 갖추어졌고, 아직 미숙하고 느리지만 작동을 시작하고 있다. 1959년 왕정을 폐지하고 선포된 공화국이 벤 알리의 두개로 중단된 후 이제 어렵사리 '제2 공화국'으로 부활하고 있는 것이다.

자유선거가 실시됐고 최근에는 개혁적인 인물이 대통령에 선출되었다.

혁명은 과거에 상상도 못했던 자유를 가져다 줬지만, 혁명을 이끌었던 다른 요구들은 그렇지 못하다. 일자리와 존엄성이라는 청년들의 요구는 충족되지 못했다. 2015년 테러가 이어지며 경제 상황이 악화했고, 코로나19 팬데믹으로 이러한 경향은 더욱 심화되었다. 이같은 상황에서 이집트와 유사하게 혁명 이전이 더 나았다는 여론이 고개를 들고 있다. 민주화가 아랍의 봄과 그 이후의 운동에 참여한 사람들에게 유일한 과제는 아니었다는 점을 기억해야 한다.

'아랍의 봄'은 정말 실패하고 만 것인가?

언론은 주로 혁명이 실패했다는 평가를 내보내고 있지만 혁명에 참여했던 당사자들의 평가는 보다 신중하다. 2020년 12월 17일 프랑스 주간지 『누벨 옵세르바퇴르』는 16~19세의 나이에 아랍의 봄에 참여했던 이들의 궤적을 보도한 바 있다.[10] 28세의 튀니지계 프랑스인 아자르는 말한다. "나는 다른 형태의 권력을 경험했다. 혁명 과정 동안 벤 알리 정권이 저지른 범죄를 조사하는 진실존엄위원회가 만들어질 수 있었다. 벤 알리 정권의 희생자들이 발언권을 가지게 되고 법적인 인정을 얻게 된 것이다. 이것만 해도 혁명이 아무 소용없었다고 얘기할 수는 없다"고 반박한다. 이라크계 벨기에인 비디오아티스트 아나스는 아랍의 봄이 실패도 성공도 아니라고 말한다. 아직 끝에 이르지 않은 과정 중에 있다는 것이다. "우리는 앞으로 많은 혁명을 겪게 되리라 생각한다. 아직 갈 길이 멀다. 프랑스 혁명을 보라! 혁명은 시간이 필요하다. 변화는 하루 아침에 이루어지지 않는다!"

2

이란 시위,
배제된 세계의 이반

2017년 12월 28일 이란 제2의 도시 마슈하드에서 시작되어 열흘 정도 지속된 만성부 시위가 있었나. 예상보나 일찍 종결됐고 후만부에는 신성부시위도 등장해 질서 회복으로 끝나는 고전적인 패턴을 재확인시켜 주었다. 중동 또는 아랍 세계 시민들의 실천은 주로 거리의 시위로 보여진다. 그리고 외부인들은 '이제 무너지겠구나'라는 일말의 기대감을 가지고 주시한다. 실제 무너진 경우도 있었다. 2011년 '아랍의 봄'이라고 불렸던 사건이 그 경우다. 그리고 2017년 이란의 시위를 보면서도 많은 사람들이 그때를 떠올렸을 것이다. 외부세계에서 이 사건에 대해 갖는 관심은 이란 사회에 대한 평소 관심의 연장선상에 있는 것일 게다. 이란정권은 무너질까? 민주주의와 병존하는 이란의 신정국가는 세속화될까? 대중의 관심과 연관지어 2017~2018년 이란 시위의 다음 두 가지 측면을 살펴본다. 하나는 주체의 변

반부패 및 투명성을 강조하는 로하니 정부의 홍보물. 이러한 정부의 대응에도 불구하고 이란 사회에 확산되어 있는 부패 문제와 취약한 정보 접근성은 2017년 12월에 시작된 이란 시위를 촉발시킨 원인 중 하나였다.[1]

화이고 다른 하나는 체제의 변화 가능성에 관한 것이다.

충족되지 않은 기대

시민들은 심각한 경제상황과 부패문제를 거론하며 거리에서 시위를 벌였다. 2009년 시위[2] 이후 최대 규모였으며 사망 25명이라는 심각한 결과를 낳았다. 당연히 2011년 아랍의 봄을 떠올리게 된다. 튀니지에서 한 청년의 죽음으로 시작된 저항운동이 아랍 전역으로 확대되었고 몇몇 나라에서 불가능할 것 같았던 정권의 전복이 이루어졌다. 2010~2011년 아랍의 봄과 2017~2018년 이란의 시위는 유사한 점이 많다. 예를 들어 아랍의 봄이 전개된 배경으로 신자유주의 경제정책의 사회적 결과에 대한 반발, 권력 독점에 대한 반발, 지배체제에 대한 총체적 거부가 거론되는데 이란에서도 이러한 점을 찾아볼 수 있다.

이란 시위에 대한 설명들을 보면 국민의 사회경제적인 여건의 악화가 주된 배경으로 거론됐다. 2015년 이란이 역사적인 핵 합의를 이루었지만 그 반대급부로 기대했던 경제상황의 개선이 나타나지 않았다는 점에 분노가 폭발했다. 실제 2017년 5월 재선에 성공한 하산 로하니 현 대통령은 이 합의의 핵심 인물이었고 선거유세 당시 이 합의로 수백만 개의 일자리가 생길 것이라 장담했었다. 그러나 결과는 기대에 미치지 못했다. 연말에 정부가 발표한 2018년 예산안이 보다 직접적으로 분노를 유발했다. 저소득층 보조금 삭감, 기름값 인상, 곡물가격 인상 등 새로운 긴축안이 포함되어 있었기 때문이다.

'배제된 세계'의 정치적 부상

2009년 시위와 비교해보면 몇 가지 차이점이 있다. 먼저 2009년 시위가 '녹색운동'이 주도한 오로지 정치적인 성격의 시위였다면 2017~2018년 시위는 사회경제적인 측면이 주된 동기였다. 참여한 사람들의 유형에서도 차이가 있었다. 2009년 시위, 1999년 학생들의 시위, 최근 몇 년간 운송, 자동차 분야에서 전개된 노동운동 모두 특정 부문이나 집단에 국한된 시간이었다.

이와 달리 이 시위는 광범위한 지역에서 다양한 집단에 속한 사람들이 참여하였다는 점에서 차별성이 있다. 최근 이란의 어려운 경제상황이 다수에게 타격을 주고 있는 것이다. 이 시위는 이러한 하층민이나 배제된 집단이 만든 것이다. "빈민층이 주도한 가장 단순한 경제적인 성격의 시위"[3]라고 할 수 있다. 1990년대 이후 이란사회에서 전개된 시위는 모두 혁명 이후 형성된 새로운 중산층이 주도한 것이었다. 이들은 과거 유럽의 신흥부르주아지와 유사하게 자신들의 역량에 걸맞은 대우를 사회에 요구했다. 대선은 신중산층의 요구가 결집되는 장이었고 그래서 이란사회의 가장 중요한 사건이었다. 항상 개혁파 대 보수파 간의 대립구도가 형성됐고 쟁점 역시 주로 정치적인 성격의 것이었다.[4]

그런데 2017년 12월 말에 시작된 시위의 주체는 아무것도 잃을 게 없는 사람들이었다. 일자리가 없는 사람들, 최소한의 삶의 수준도 유지할 수 없는 사람들이 거리로 나선 것이다. 반면에 2009년 당시 시위의 주역들은 시위에 우호적이지 않았다. 이들은 여전히 현 대통령이 진보적인 정책을 추진할 거라고 믿었다. 사회적으로 보잘것없는 존재가 전면에 등장하는 사례를 찾기는 어렵지 않다. 1980년대 튀니지의 빵 폭동도 이와 유사하고, 중동 전역에서 이슬람주의의 부상을 이끈 대중 역시 지배세력이 거들떠보지 않았던 평범하고 비참한 처지의 사람들이었다. 아랍의 봄 역시 도시빈민이 주역이었다. 결국 분배가 관건이다. 하층민과 중산층 일부가 재정적으로 어려워지는 상황에서 기업이나 기득권층이 기존의 혜택을 그대로 유지하는 상황을 이해시키기는 어려운 것이다. 기득권의 저항을 극복하는 것이 이미 오래전부터 이란의 개혁세력이 당면한 과제라고 할 수 있다. 이 점에서 성공하지 못하면 주기적인 아래로부터의 저항에 직면할 것이다.

체제에 대한 거부

북한에 대해서처럼 우리는 이란사회가 잘 통합되어 있는지 관심이 있다. 외세로부터의 독립을 상징하는 이란혁명에 기반을 둔 체제는 외세의 압력이라는 '우호적인' 조건 속에서 정당성을 유지해왔다. 2017년 시위 당시 집권하고 있던 로하니 정권 역시 일견 그렇게 보였다. 게다가 로하니는 아랍의 봄으로 물러난 튀니지의 벤 알리나 이집트의 무바라크가 아니다. 장기 집권을 한 권위주의적인 지도자가 아니라 선거에서 국민 다수의 지지를 받아 권좌에 오른 인물이다. 그래서 당시 시위는 의외의 사건으로 받아들여지기도 했다. 로하니가 퇴진요구를 받고 심지어 독재자로 불린 것은 쉽게 이해되는 대목이 아니다. 그러나 동시에 예상된 것이기도 하다. 경제상황이 나아지지 않고 정부는 무기력한 모습을 보였다. 일반적으로 혁명이 그렇듯 반발은 객관적인 상황 자체만큼이나 기대가 충족되지 않은 것에 대한 박탈감이 계기가 된다. 이 점에서 이란 시위는 충분히 일어날 수 있는 것이었다.

2017~2018년 이란 시위는 이전의 것과 달리 체제 자체를 거부하는 반체제 운동의 성격을 명시적으로 보여줬다는 점에서 의미가 있다. 시위대는 모든 권력에 반대하는 슬로건을 내걸었다. 이슬람 성직자들이 지배하는 체제를 전복시키자는 요구도 나왔다. '독재자에게 죽음을', '(이란 최고 지도자) 하메네이에게 죽음을', '이슬람공화국을 원치 않는다'와 같은 구호를 연호했다. 구호와 달리 체제 전복에 대한 의지가 있다기보다는 정부로부터 더 많은 것을 얻어내려는 것이 시위의 목적이라는 평가도 있었다. 그렇다고 루하니가 대국민연설에서 한 만처럼 "아무것도 아니다"라고 할 수는 없다.

국가와 사회의 관계에서 이해의 실마리를 찾을 수 있을 것이다. 시위는 국가와 사회 간의 괴리가 어느 정도인지 잘 보여주었다. 국가와 사회, 즉 종교세력, 정권, 지배층, 혁명수비대와 그들이 소유하고 있는 기업 등과 이번 시위에 나선 배제된 민중 간의 괴리가 상당한 것이다.

이러한 맥락에서 현재 이란의 이슬람 중심 체제가 지속될 수 있는지에 대한 의문을 제기해볼 수 있다. "하메네이에게 죽음을"이라는 과격한 구호가 단지 분노에서 나온 우발적인 것을 넘어서 오랜 경험에서 나온 것일 수 있다. 40년 신정국가의 한계를 여실히 보여준 측면이 있는 것이다. 신정국가가 종교세력이나 중산층 이상의 사람들에게는 견딜만 하거나 또는 유리할 수 있지만 하층민들로서는 종교적인 메시지나 애국주의 담론 이외에는 실질적으로 기대할 것이 없는 체제임이 드러난 것일 수 있다. 직접적으로 이해관계가 충돌하기도 한다. 소수의 양질의 일자리를 이슬람공화국의 지배세력들이 장악하고 있는 상황에서 이란 청년들의 전망은 암울하기만 한 것이다. 40년의 세월이 이란 사회를 기득권자들의 전유물로 만들어놓은 것이다. 양보하지 않는 경화된 지배세력이 있는 한 개혁적인 경제정책이나 시민들의 노력은 계란으로 바위치기와 같은 것이 될 수 있다.

당시 시위가 겨냥한 것이 로하니 정권과 경제정책임에도 불구하고 로하니 대통령은 어느 정도 시위대를 인정하고 이들의 요구를 수용하는 모습을 보인 반면, 최고지도자 하메네이는 외부세력에 의해 조종되고 있는 매국적인 세력이라면서 강경한 입장을 표명한 것도 이러한 계급적 측면과 연관성이 있을 것이다. 문제는 이슬람 체제다. 당초 평등을 주창하며 시작된 '79년 체제'가 반민중적인 체제로 고착화된 것이다. 대다수 민중의 지지를 기반으로 하는 이슬람주의와 이슬람 정권이 역설적으로 일부 집단의 이해를 대변한다는 것은 이미 중동과 북아프리카 여러 지역의 사례에서 입증된 것이다. 체제 자체에 대한 근본적인 문제제기가 허황된 것은 아니다. 즉 아직은 금기시되어 있는 하메네이의 후계자 승계문제, 그 이후 이란사회의 전망이 향후 주요 쟁점이 될 것이다. 1979년 혁명 이후 유지되고 있는 이란 체제가 앞으로 어떤 운명을 겪을지가 관심거리인 것이다.

3

57년 독재 끝낸 알제리, 지연된 혁명의 미래

낯선 알제리

알제리는 아프리카 대륙 북부인 북아프리카의 가운데 부분에 위치한 나라이다. 아프리카에서 면적이 가장 넓은 나라이며 4,200만의 적지 않은 인구를 가지고 있다. 석유와 가스 분야가 경제의 1/3을 차지하는 산유국으로 아프리카 대륙 3위의 석유 수출국이다. 한국에는 잘 알려져 있지 않은 나라이며 세계적으로도 크게 주목을 받아온 나라는 아니다. 2011년 '아랍의 봄' 당시에도 같은 북아프리카 지역에 속한 튀니지나 리비아와 달리 외부세계에 크게 알려진 바가 없었다. 그랬던 알제리가 역시 '아랍의 봄'에서 다소 빗겨나 있던 아프리카 동부지역의 수단과 함께 장기집권한 지도자가 권좌에서

2019년 3월 알제리 수도 알제의 남서쪽에 위치한 블리다에서 진행된 시위의 모습(Fethi Hamlati, CC BY-SA 4.0)[1]

내려오는 정치적 격랑에 휩싸였다. 물론 아랍의 봄이 보여주었듯이 지도자의 교체가 곧바로 혁명적인 변화를 의미하는 것은 아니지만 말이다.

알제리 시위

알제리에서는 압델아지즈 부테플리카[A. Bouteflika] 대통령의 네 번째 임기가 끝나 2019년 4월 18일에 대선이 치러질 예정이었다. 그런데 2월 10일 부테플리카가 5선에 출마한다는 발표가 나왔다. 그러나 부테플리카는 2013년 사고로 뇌손상을 입은 이후 대통령직 수행이 어려웠다. 이러한 그가 다시 출마한다는 것은 국민을 무시하는 처사로 받아들여졌다. 이 발표에 항의하는 최초 시위는 2월 16일에 열렸지만 2월 22일부터 여러 도시에서 대규모의 시위가 발생했다. 결국 부테플리카는 3월 11일 출마 포기선언을 하게 된다. 그러면서 그는 연내에 헌법을 개정할 것이라고 발표한다. 이는 4월 27일 종료되는 자신의 임기를 연말까지 연장하는 것이라 시위대는 이를 거부했고 결국 4월 2일 부테플리카가 사임하게 된다. 4월 9일 상원의장인 압델카데르 벤살라A. Bensalah가 대통령 직무대행이 되었고 90일 이내에 대선을 치러야 했다. 그러나 시위대는 이 방식도 받아들이지 않았고 시위가 발생한 이래 처음으로 경찰의 무력진압이 등장하게 된다.

시위대는 알제리 국기와 함께 다양한 구호가 담긴 현수막과 피켓을 들었다. 다음과 같은 표현들이 있었다. "학살 권력" "마피아" "도둑놈 당신이 나라를 먹었다" "알제리는 공화국이지 왕국이 아니다" "5선은 없다. 부테플리카!" "그들은 백만장자들이고 우리는 수백만이다". 부테플리카의 퇴진 이후에는 다음과 같은 표현들이 등장했다. "우리는 부테플리카 없는 선거를 요구했다. 그런데 정부는 선거 없는 부테플리카를 주었다", "네 번째 임기의 연장은 있을 수 없다", "제2공화국이 충전되고 있다. 현재 70% 정도 충전되었다", "우리는 업그레이드가 아니라 포맷을 원한다".

이 구호들에서도 드러나듯 시위의 배경은 주로 정치적인 문제였다. 국민의 기대에 부합하지 못하는 국가에 대한 환멸, 한계에 다다른 지배체제를 무리하게 유지시키려는 시도에 대한 반발이 표출된 것이다. 이와 함께 사회경제적 요인이 저항의 동인으로 작용했다. 아랍의 봄 당시만 해도 유가가 높은 수준을 유지하는 상황에서 알제리의 석유수입이 늘어났고 이를 토대로 사회 제 분야에서 상당한 성장을 이루었다. 그러다가 2014년 이래로 계속되고 있는 저유가로 인해 그동안 국민의 불만을 잠재우기 위해 늘렸던 사회지출이 줄어든 것이다. 기초생필품 가격이 상승함에 따라 국민의 구매력이 감소했다. 이러한 생활상의 어려움이 국민의 분노를 유발한 것이다.

지연된 혁명

많은 사람들은 "왜 시위가 이제서야 일어났는가"라는 의문을 가진다. 아랍의 봄 당시를 회고해보면, 알제리에서도 반정부운동이 전개됐고 1992년 내전 발발 이후 내려져 있는 계엄령이 해제되는 성과도 있었지만 주변국과는 달리 대규모 시위나 폭력적인 양상이 전개되지는 않았다. 당시 알제리는 걸프만 산유국들과 함께 경제적 양보조치를 통해 현 체제를 지켜낸 유형으로 분류됐다. 소위 '사회적 평화social peace'를 재정지출로 달성한 것이다.

2019년 시위에 버금가는 전례를 찾자면 30년 전인 1988년 10월의 반정부시위로 거슬러 올라가야 한다. 당시 상황을 보면, 수도 알제를 비롯해 전국 각지에서 시위가 발생해 비공식 추산 600여 명의 사망자가 발생했다. 이 봉기의 성과로 다당제가 허용되고 1990년 6월 12일 치러진 최초의 자유로운 지방선거 1차 투표에서 이슬람구국전선FIS이 압승을 거두게 된다. 예상치 못한 상황에 직면한 정권과 군은 지방선거 2차 투표를 취소하고 계엄령을 선포한다. 그리고 2000년대 초까지 정부군과 이슬람 반군 간의 내전으로 20만 명이 사망한다.

그 이후의 오랜 공백을 이해하기 위해선 저항을 막아온 힘에 대해 생각해봐야 한다. 무엇보다도 정권의 통치기제를 살펴봐야 할 것이다. 1960년대 신생국가 알제리를 이끌었던 민족해방전선FLN은 독립운동의 경험으로부터 정당성을 얻어 장기간 집권할 수 있었다. 동일한 민족해방전선이

1990년대 이후에는 이슬람주의자들을 척결한 내전의 경험을 활용해 동력이 떨어진 기존의 정당성을 재충전할 수 있었다. 이렇게 다시 태어난 정권을 이끌었던 것이 얼마 전 사퇴한 부테플리카였다. 민족해방운동의 아우라를 넘어서기 어려웠듯이 '퇴행적인' 이슬람주의자들을 몰아낸 영웅을 비판하는 것은 금기에 속한 것이었다. 또한 내전의 트라우마로 인해 정치 갈등을 기피하고 냉소적인 태도를 가지게 되었다.

강력한 저항운동을 어렵게 한 보다 오래된 요인을 찾자면 사회통합이 약하다는 점을 들 수 있다. 오랫동안 알제리인들은 공통의 목표를 달성하기 위해 하나가 될 수 없는 존재라고 평가되었다. 강한 식민지배에서 그 역사적 배경을 찾을 수 있다. 일찍이 전통적인 국가기구와 사회의 유대가 파괴됐고 민족주의 운동 역시 오랫동안 구심점을 가지지 못했다. 인구 구성에 있어서도 베르베르 문제와 같은 종족 갈등이 강하게 존재해왔다.

그러나 이러한 기존 관념은 2019년에 시작된 반정부운동으로 인해 더 이상 지지될 수 없는 것이 됐다. 이제 역으로 알제리의 강력한 저항운동을 가능케 한 요인을 찾게 될 것이다. 그리고 그에 대한 답변을 우리는 드물게 전쟁을 통해 독립을 쟁취한 경험, 비동맹운동의 선봉에 섰던 경험, 북아프리카의 지도적인 위치에 있었던 경험 등에서 찾을 수 있을 것이다.

전망

아랍의 봄의 경험은 성급한 전망을 경계하게 한다. 전 세계의 관심을 받았던 이 역사적 사건이 발생한 지 10여 년이 지난 지금 대부분의 사람들은 혁명의 성과에 대해 부정적인 평가를 내리고 있다. 그렇다고 아랍의 봄이 실패했다고 말할 수 있는가? 국제문제 전문가 질베르 아슈카^G. Achcar가 진단하듯이 중동 및 북아프리카 지역에 장기적인 혁명의 길을 열었다고 평가할 수도 있다. 그리고 알제리와 수단에서 장기집권한 대통령이 퇴위한 것은 이러한 경향의 일환이라고 볼 수 있다.

시위 초기단계에서는 다음과 같은 전망이 제시되었다. 첫째, 과거 쿠바에서처럼 권력을 동생인 사이드^Saïd에게 이양하는 방식, 둘째, 시리아의 길, 즉 현재까지 평화로운 방식으로 전개된 시위가 특히 이슬람주의자들의 참여로 폭력적인 양상으로의 전환, 셋째, 이집트의 길, 즉 정권이 계속 버티면서 시위가 격화되고 군이 개입하는 것, 넷째, 출구가 없는 상황에서 부테플리카 진영이 시간을 벌기 위해 헌법에 따르는 것.

앞으로의 정세에서 이슬람주의자들이 어떤 역할을 할지에 대한 관심이 크다. 지난 시위에서 이슬람주의자들의 모습을 찾아보기는 힘들었다. 이들이 부재에 대해 많은 사람은 아랍이 봄 당시 튀니지의 사례, 또는 1979년 이란혁명의 사례를 떠올리며 민중이 이루어낸 혁명의 과실을 이슬람주의자들이 거두어가지 않을까 하는 우려 섞인 전망을 했다. 물론 알제리에서도 이슬람주의자들이 선거에서 좋은 결과를 얻을 가능성이 없지는 않다. 다만 그 어느 지역의 이슬람주의자들보다도 극심한 탄압을 경험한 알제리의 이슬람주의자들은 망명의 길을 선택하거나 또는 생존을 위해 친정부적인 행보를 보였다. 이러한 과정에서 민중의 신뢰를 잃었고 반정부 운동에서 이들이 설 자리가 없었던 것이다.

오랫동안 알제리 안팎에서 기대하고 있었던 민주주의 혁명이 뒤늦게나마 진행되고 있다. 이는 지연된 혁명이자 미완의 과제를 완수하는 것이기도 하다. 프랑스로부터의 독립 직후부터 시작된 민족해방전선^{FLN}의 57년 권력 독점, 이번 반정부운동의 목표는 바로 이 극소수 파벌에 의한 독점을 무너뜨리는 것이었다. 1962년 132년간의 식민지배를 종식시켰던 것처럼 57년의 독재를 종식시키는 것이기도 하다.

4

아랍 반정부시위와
갈라진 사회의 혁명

제2의 물결

'아랍의 봄'의 열기는 2011년부터 2년여 동안 이어졌다. 이후 6년간 반혁명에 자리를 내준 후 다시 제2의 혁명의 물결이 밀려오고 있다. 10여 년 전 튀니지, 이집트, 리비아, 시리아를 중심으로 전개된 아랍 민중의 항쟁이 이제 레바논, 이라크, 알제리, 수단 등지에서 재현되고 있다. 당시 다소간 변화의 흐름에서 벗어나 있던 이 나라들이 아랍 세계 저항운동의 계보를 잇고 있는 것이다.

먼저 알제리와 수단에서 예상치 못한 변화가 일어났다. 2019년 초 거의 동시에 각각 20년, 30년씩 장기집권한 두 대통령이 국민의 압력에 밀려 사임했다. 그리고 수년이 지난 지금도 투쟁은 계속되고 있다. 대통령의 퇴진

티슈린 운동이라 불리는 2019~2021년 이라크의 저항운동 초기, 시위대의 한 남성이 이라크 국기를 흔들고 있다(Mondalawy, CC BY-SA 4.0).[1]

에도 불구하고 그 배경에 있는 권력구조가 변하지 않았고 사회경제적인 문제 역시 변화가 없기 때문이다.

이후 레바논, 이라크, 이집트에서 유례없이 강한 저항운동이 전개됐다. 2013년 무슬림형제단 출신 모하메드 모르시Mohamed Morsi가 엘 시시Abdel Fattah el-Sisi가 지휘하는 군부에 의해 축출된 이후 시위 자체가 불가능할 정도로 철권통치의 양상을 보여온 이집트에서도 대통령의 사임을 요구하는 시위가 등장했다. 이라크에서는 9월부터 시작된 다수의 작은 집회들이 대규모 시위로 발전했고 초기 단계에서 과잉진압으로 많은 사상자를 냈다. 총리가 개혁안을 제시했지만 결국 압력에 밀려 사임했다. 레바논에서는 인구의 1/3에 달하는 2백만 명이 거리에 나올 정도로 대규모의 시위가 전개됐다. 이라크와 마찬가지로 개혁안이 제시됐지만 결국 사드 하리리 총리가 사임을 발표했다. 그러나 그 이후에도 시위는 계속됐다.

글로벌한 물결

이러한 양상이 중동 및 북아프리카 지역에 국한된 것은 아니다. 세계 여러 지역에서 대규모 시위가 발생하고 있고 여러 면에서 유사한 점이 있다. 계기는 주로 경제적 어려움을 가중시키는 요인이었다. 기초 생필품 가격이나 공공서비스 요금 인상은 경제수준을 막론하고 등장하는 메뉴다. 그러나 가장 중요한 공통점은 정치권력에 대한 누적된 불만일 것이다. 전개과정 역시 "퇴진하라", "미래가 없다"와 같은 구호에서 광장이나 공항 점거와 같은 운동방식에 이르기까지 유사한 점이 많다. 대중적인 시위가 발생하면 정권은 문제가 된 조치를 철회하고 민심을 되돌리려는 유화책들을 발표한다. 그러나 근본적인 문제점은 해결이 어려워 불씨는 다시 살아난다. 프랑스의 노란 조끼 시위가 재개됐고, 알제리 역시 대통령 퇴진 이후에도 매주 금요일에 열리는 집회가 계속되는 등 시위가 이어지고 있다. 문제해결이 요원한 것은 부패하고 폐쇄적인 권력구조 때문이고 따라서 시위가 지속되면서 결국 체제 변혁이라는 과제에 맞닥뜨리게 된다.

혁명을 부르는 아랍의 문제들

대중적인 저항운동의 배경이 아랍 국가들이라고 크게 다르지는 않지만 아랍적 특성과 개별 국가 고유의 맥락을 확인할 수 있다. 아랍의 봄의 '제2의 물결'을 형성한 레바논과 이라크의 사례를 보자. 먼저 이라크에서는 외세에 대한 반감이 중요하게 작용했다. IS와의 전쟁에서 영웅으로 부상한 장성 압델와합 알사에디Abdel-wahab Al-Saedi에 대한 경질이 상황을 악화시켰다. 국민은 그를 종파를 초월한 민족 통합의 상징으로 인식했다. 분노한 대중은 이 결정의 배후에 이란이 있다고 생각했다. 또한 2014년 여름부터 시작된 IS와의 전쟁으로 그간 방치되어 온 경제 문제가 2018년 IS가 퇴각하면서 전면에 부상한 측면도 있다. 오랜 전쟁으로 악화된 공공 서비스 상황에 대한 불만, 공무원의 길이 좁아지고 다른 안정적인 일자리는 찾기 어려운 청년들의 분노도 분출했다. 레바논 시위를 촉발시킨 요인은 메신저 '와츠앱' 사용에 대해 세금을 부과하는 정부의 발표였다. 게다가 정부는 이와 동시에 유류세, 담배세 인상조치도 발표했다. 분노의 화살은 정치권을 향했다. 신자유주의 정책과 부패하고 무능한 지배 엘리트들이 야기한 문제를 그 피해자인 서민들에게 부담시키려 한다고 느낀 것이다.

'아랍의 봄'의 유산

2010년대 말 대규모 반정부 시위가 벌어진 나라들이 2011년 아랍의 봄 당시 상대적으로 조용히 넘어간 이유는 알제리의 경우 참혹한 내전(1991~

2002년)의 기억이 생생했다는 점, 이라크와 레바논 역시 각각 2003년과 2005년부터 전쟁과 정치적 갈등을 겪었다는 점을 들 수 있다. 제2의 물결은 배경과 양상에서 2011년 '아랍의 봄'과 매우 유사하다. 경제여건 악화에 대한 불만과 기성 정치권에 대한 환멸이 당시나 지금이나 동일한 배경으로 작용하고 있는 것이다. 또한 빵, 자유, 사회정의, 존엄성과 같은 2011년 당시의 가치들이 2019년에도 저항의 동력이 되고 있다.

'아랍의 봄'의 경험에서 교훈을 얻은 측면도 있을 것이다. 내전으로 치달은 리비아와 시리아의 경험으로 외세의 개입을 초래할 빌미를 제공하지 않도록 유의했고, 이집트의 사례는 단순히 현 정권을 무너뜨리는 것에 만족하지 않고 지배체계 전반을 겨냥해야 한다는 생각을 갖게 했다. 경찰차에 불을 지르고 가게를 약탈하는 양상은 노란 조끼 시위에서 볼 수 있었듯이 유럽에서는 흔한 저항운동의 방식이다. 이에 비하면 적어도 레바논이나 알제리 시위대의 행동은 매우 온건한 편이다. 무엇보다도 기존 경험을 통해 탄압의 빌미를 제공해서는 안 된다는 생각을 강하게 가지게 된 것이다.

새로운 사회운동

새로운 점도 있다. 조직적인 측면에서 최근 중동 및 북아프리카의 대중 시위는 노조, 정당 등 전통적인 조직들과 무관하게 진행된다는 특징이 있다. 2019년 이라크의 시위에는 좌파를 포함해 어떤 정치세력도 적극적으로 가담하지 않았다. 레바논에서는 오랫동안 민중의 지지를 받아온 헤즈볼라조차 신뢰를 받지 못하고 있다. 시위 9일째였던 2019년 10월 25일 TV에 방영된 헤즈볼라의 지도자 하산 나스랄라Hassan Nasrallah의 연설은 헤즈볼라가 시위를 대하는 태도가 기성 정치세력과 크게 다르지 않음을 보여주었다. 헤즈볼라는 점차 반정부시위가 특정 정치세력이 주도하는 것으로 변질됐다고 비판했다. 시위가 장기화되면서 레바논의 경제적 어려움이 가중되고 있다는 익숙한 지적도 덧붙였다.

이러한 광경은 헤즈볼라가 이제는 레바논 연정의 핵심 세력이라는 점으로 충분히 설명될 수 있을 것이다.[2] 위계적인 조직에 대한 거부감은 저항운동이 분산적이고 유연한 모습을 띠게 만들었다. 시위대에 지도부가 없는 경우가 대부분이었다. 이러한 양상이 지니는 장점과 단점은 이미 잘 알려진 그대로다. 독재자의 퇴위와 같이 2011년을 장식한 정치적 이슈 못지않게 경제적 이슈, 일상생활 관련 이슈가 부각되어 다양한 계층의 사람들이 시위에 참여한 것도 2019년 시위의 특징이라고 할 수 있다.

쪼개지고 종속된 사회

'아랍 세계' 하면 봉합하기 어려운 부서진 뼛조각이 떠오른다. 그중에서도 레바논과 이라크가 이러한 비유에 가장 부합하는 사례일 것이다. 레바논은 식민지배와 내전(1975~1990년)으로 잘게 쪼개졌고 이라크는 미국의 개입이 사회를 갈라지게 만들었다. 종족, 종교, 지역에 따라 잘게 나뉜 분열상은 아랍의 병이라고 할 수 있다. 그러나 이러한 불행한 현실이 아랍인의 유전자에 새겨진 운명적인 것은 아니다. 그 기원에 대해 우리는 잘 알고 있다. 현재 중동문제의 기원 중 하나는 제1차 세계대전과 그 결과인 국경 분할이다.

그리고 또 다른 발칸화가 1세기가 지난 지금까지 수니파 대 시아파의 갈등, 아랍 국가들 간의 분쟁 등의 양상으로 재생산되고 있다.

반정부 투쟁이 강도있게 전개된 바 있는 레바논과 이라크의 공통점 중 하나는 바로 이 분할 체제이다. 레바논은 '세계의 화약고'라 불리는 발칸반도 지역의 특성에서 유래한 '발칸화'에 비견되는 '레바논화' 개념으로 알려진 나라다. 작은 나라가 다수의 공동체로 철저히 분할되어 있는 것이다. 단지 공간적으로 구분되어 살아가는 것뿐 아니라 사회의 모든 영역과 제도가 세 개의 주요 집단 간의 나눠먹기식으로 운영되고 있는 것이다. 이미 1943년 프랑스의 보호령에서 벗어나면서부터 권력이 세 개의 주요 종교집단에 의해 분점됐다.

레바논은 발칸반도의 국가들처럼 다양한 집단 간의 갈등을 안고 있으면서 동시에 강대국들 간의 직접적인 충돌을 막는 역할을 하는 '완충국가 buffer state'의 전형적인 사례이기도 하다. 이 개념은 중동 국가, 특히 레바논에 잘 부합하는 개념이다. 레바논은 중동 지역 세력구도의 축소판이자 이로 인한 갈등이 사라지지 않는 사회다. 가장 큰 문제는 주변의 외세가 내부에 자신들의 지지세력을 만들고 이들을 자국의 이해에 맞게 이용한다는 점이다.

이라크 역시 2003년 미국의 침공 이후 시아파-수니파의 대결, 시아파의 입장을 대변하는 정권이라는 구도가 만들어졌다. 미국이 처음은 아니다. 이라크 사회를 갈라지게 만든 원조는 영국이었다. 효과적인 지배를 위해 소수였던 수니파와 다수였던 시아파를 대립시켰고 전자를 이용해 이라크 사회를 지배했다. IS 역시 편파적인 이라크 정권에 대한 수니파의 반발을 배경으로 성장했으며 스스로도 이라크 사회의 분열에 기여했다.

절실한 통합의 열망

정치제도뿐 아니라 사회 전반에 정착되어 있는 과두제는 민중을 국가가 아닌 자신들의 수중에 두는 지배계급의 효과적인 장치였다. 노동운동 등 사회운동 역시 공동체별로 나뉘어 있어 큰 힘을 가지기 어려웠다. 레바논노동총연맹CGTL과 같은 전국적인 단체가 동원능력을 가지지 못한 것이다. 이번 민중봉기에서 노조의 모습을 찾기 어려운 것도 이러한 구조적인 결함 때문이라고 할 수 있다.

이런 점에서 2019년 레바논 시위는 종교, 종족, 지역 등으로 나뉜 사회를 통합시키는 시도가 지배세력이 아닌 피지배세력으로부터 시작되고 있다는 의미가 있다. 매우 다원적인 사회라서 해결할 수 없을 것으로 보였던 레바논 고유의 문제가 이제 해결의 실마리를 찾고 있다고 볼 수 있다. 분할지배는 강대국의 전략만은 아니다. 레바논의 경우처럼 지배세력의 통치전략으로 사용되기도 하는 것이다. 레바논의 저항운동은 이 전략에 도전하는 의미가 있는 것이다. 이라크의 경우에도 저항운동이 특정 정파와 연계되지 않고 투쟁의 목표도 특정 종파나 종족의 이해관계와 무관한 경우는 처음이었다. 경제 문제나 정치권과 연관된 사안 못지않게 이라크 사회의 통합성, 자주성에 관한 관심을 읽을 수 있다. 새로운 애국주의의 등장이라고 할 수 있다.

더딘 혁명의 길

'아랍 세계' 하면 다람쥐 쳇바퀴 돌듯 다시 재연되는 이미지가 떠오른다. '아랍의 봄'이 발생한 지 10여 년이 흐른 지금 대부분의 사람들은 혁명의 성과에 대해 부정적인 입장일 것이다. 튀니지가 어느 정도 예외일 뿐 이집트는 권위주의의 부활이라는 반혁명이 주도하고 있으며, 시리아, 리비아, 예멘은 전쟁과 혼돈 속에서 헤어나지 못하고 있다. 레바논, 이라크에서 더 희망적인 근거를 찾기도 어렵다. 그 반대가 더 설득력이 있을 수 있다. IS가 강력한 힘을 발휘했던 배경에는 '아랍의 봄'이 소기의 성과를 거두지 못한 데 따른 실망감이 존재한다. 이는 '아랍의 봄'의 시발점이었던 튀니지 등 북아프리카 출신 자원병이 많았던 점에서도 알 수 있다. 시기적으로도 2011년에 시작된 아랍의 봄이 2013년경부터 반혁명에 자리를 물려주었는데 바로 그 직후 IS가 주목을 받았던 것이다. IS가 반혁명의 부산물 중 하나라는 점을 고려할 때, 현재진행형인 아랍 혁명의 제2의 물결의 결과에 따라 전쟁이나 극단주의 세력의 등장 가능성도 배제할 수 없는 것이다. 경제적, 정치적 위기의 정도가 심각하고 이러한 상태를 유지하고자 하는 세력의 힘이 강하기 때문에 변화는 큰 희생과 많은 시간을 필요로 할 것이다.

1. '아랍의 봄' 10년, 존엄한 삶의 부재

1   Anne-Bénédicte Hoffner et Marie Verdier, "Les printemps arabes ont-ils vraiment échoué?", *La Croix*, 2020.12.17. https://www.la-croix.com/Debats/printemps-arabes-ont-ils-vraiment-echoue-2020-12-17-1201130735, 2020.12.18. 검색.

2   Florence Gaub, "What if ⋯ There is another Arab Spring?", 2019.2.1. http://www.jstor.com/stable/resrep21142.9, 2020.12.18. 검색.

3   https://commons.wikimedia.org/wiki/Category:2019_Lebanese_protests#/media/File:Beirut_protests_2019_-_1.jpg

4   Anand Gopal, 2020, "The Arab Thermidor", *Catalyst*, Vol.4 No.2, Summer 2020.

5   Gilbert Achcar, "Order Prevails in the Arab World", *Jacobin*, 2019.1.14. https://jacobinmag.com/2019/01/arab-spring-authoritarianism-rosa-luxemburg, 2020.12.18. 검색.

6   Marie Verdier, "En Tunisie, le goût amer des dix ans de la révolution", *La Croix*, 2020.12.17. https://www.la-croix.com/Monde/En-Tunisie-gout-amer-10-ans-revolution-2020-12-17-1201130621, 2020.12.18. 검색.

7   Anne-Bénédicte Hoffner, "42% des jeunes Arabes rêvent d'émigrer", *La Croix*, 2020.10.8. https://www.la-croix.com/Monde/42-jeunes-Arabes-revent-demigrer-2020-10-08-1201118389, 2020.12.18. 검색.

8   Marie Verdier, "En Tunisie, le goût amer des dix ans de la révolution", *La Croix*, 2020.12.17. https://www.la-croix.com/Monde/En-Tunisie-gout-amer-10-ans-revolution-2020-12-17-1201130621, 2020.12.18. 검색.

9   Céline Lussato, "En Tunisie, «la révolution se poursuit mais son avenir est plus que jamais incertain»", *L'OBS*, 2020.12.17. https://www.nouvelobs.com/monde/20201217.OBS37667/en-tunisie-la-revolution-se-poursuit-mais-son-avenir-est-plus-que-jamais-incertain.html, 2020.12.18. 검색.

10   Wassila Belhacine, "Ils avaient entre 16 et 19 ans pendant le «printemps arabe» en Tunisie, ils témoignent dix ans plus tard", *L'OBS*, 2020.12.17. https://www. nouvelobs.com/monde/20201217.OBS37671/ils-avaient-entre-16-et-19-ans-pendant -le-printemps-arabe-en-tunisie-ils-temoignent-dix-ans-plus-tard.html, 2020.12.18. 검색.

2. 이란 시위, 배제된 세계의 이반

1   https://fr.images.search.yahoo.com/search/images;_ylt=Awr9zggONrJlzy05bQBlAQx. ?p=Government+materials+on+the+right+to+access+of+information.&fr=yfp-t&im gl=fmsuc&fr2=p%3As%2Cv%3Ai#id=12&iurl=https%3A%2F%2Fglobalvoices.org%2 Fwp-content%2Fuploads%2F2018%2F01%2Findex.jpg&action=click

2   2009년 6월 12일 실시된 대통령 선거에서 마흐무드 아흐마디네자드의 당선에 반발 하여 일어난 시위로 당시 70여 명의 시위대가 사망했다는 보도가 나오기도 했다.

3   둔야, 2018, 「최근 일어난 이란의 민중시위: 원인과 배경」, 『사회주의자』, 2018.1.12.

4   "La société iranienne ne peut plus accepter l'immobilisme", Iris, 2018.1.4. http://www.iris-france.org/105363-la-societe-iranienne-ne-peut-plus-accepter-lim mobilisme/, 2018.1.23. 검색.

3. 57년 독재 끝낸 알제리, 지연된 혁명의 미래

1   https://upload.wikimedia.org/wikipedia/commons/3/3//Manifestation_contre _le_5e_mandat_de_Bouteflika_%28Blida%29.jpg

4. 아랍 반정부시위와 갈라진 사회의 혁명

1   https://upload.wikimedia.org/wikipedia/commons/4/40/%D9%85%D8%AA% D8%B8%D8%A7%D9%87%D8%B1_%D8%B9%D8%B1%D8%A7%D9%82%D9%8A_ %D9%8A%D8%AD%D9%85%D9%84_%D8%B9%D9%84%D9%85_%D9%81%D9%8 A_%D8%AB%D9%88%D8%B1%D8%A9_%D8%AA%D8%B4%D8%B1%D9%8A%D9 %86.jpg

2   "Manifestations au Liban: Nasrallah analyse le mouvement et explique son soutien au gouvernement", *Le cri des peuples*, 2019.11.3. https://lecridespeuples.fr/2019/ 11/03/manifestations-au-liban-nasrallah-analyse-le-mouvement-et-explique-son- soutien-au-gouvernement/, 2019.11.9. 검색.

혁명 이후

•

1 　대선으로 본 아랍정치의 현주소

불가능하거나 남다르거나

'아랍의 봄' 이후 중동지역 선거의 양상을 보여주는 두 가지 사례가 있다. 리비아에서는 2021년 12월 24일로 예정되었던 대선 1차 투표가 두 달이 넘도록 치러지지 못했다. 같은 날 예정되어 있던 총선 역시 마찬가지였다. 리비아 대선은 이미 2014년부터 여러 차례 연기를 거듭해왔다. 선거를 막으려는 무장세력이 조성하는 치안 불안, 선거 방식을 둘러싼 대통령 후보 진영 간의 갈등, 전국 선거를 정상적으로 치를 인프라 부족 문제 등이 수년간 선거를 어렵게 만들었다. 선거 연기가 발표되기 전부터 무장세력이 수도 트리폴리의 정부청사를 포위하거나 주요 정치인의 안전을 위협한 사례는 민주적 선거의 첫 발을 떼는 것이 얼마나 어려운지를 잘 보여준다.

2020년 10월 유엔이 중재한 평화협정이 체결된 후 1년여의 세월 동안 리비아 국민은 대선을 고대해 왔다. 대통령 선출이 내전을 겪고 있는 리비아 사회를 재건하고 정상화하는 필수적인 단계라고 생각했기 때문이다. 2021년 2월에는 10년의 내전 동안 동서로 나뉘어 있던 국가기구들을 통합하기 위한 선거가 준비됐고, 이를 위해 임시정부를 구성했다. 그러나 산적한 장애물이 있었다. 먼저 동부 지역에 위치한 하원은 그곳의 강자 칼리파 하프타르Khalifa Haftar 제독의 입장을 반영한 선거법을 제정했고 이후 일방적으로 총선 날짜를 연기했다. 그러나 서부에 소재한, 리비아의 상원에 해당

2012년 7월 총선 이후 리비아에서는 총선과 대선이 수차례 연기되었고 아직도 열리지 못하고 있다.

하는 고등국가위원회는 이러한 하원의 조치를 거부했다.

게다가 주요 대선 후보자들의 면면이 상황을 더욱 어렵게 만들었다. 트리폴리에 있는 과도정부Government of National Unity, GNU의 수상 압둘하미드 드베이바Abdul-Hamid Dbeibah는 당초 대선 불출마를 선언했다가 번복했다. 동부 지역의 하프타르 제독은 2019~2020년 무력으로 서부 지역을 장악하려 한 전력이 있어 서부 지역 주민들의 반발을 샀다. 또한 아랍의 봄으로 비참한 최후를 맞았던 카다피의 막내아들 사이프 알 이슬람 카다피Saif al-Islam Gaddafi는 반인도적 범죄 혐의로 국제사법재판소의 수배를 받고 있다. 국제사회 역시 평화 프로세스에 대한 지지를 철회하고 12월로 예정된 리비아 대선에 반대 의견을 표명했다. 정상적으로 치러질 준비가 되어 있지 않았다는 이유에서였다. 이러한 상황에서 리비아의 주요 정치 세력들은 선거에 대한 기대를 접고 다시 힘겨루기에 들어갔다.

튀니지는 확연히 다른 양상을 보여줬다. 아랍의 봄이 성공한 유일한 사례라는 평가는 지나친 감이 있지만, 민주주의와 시민사회의 성장은 부정할 수 없다. 특히 민주주의의 꽃이라는 선거가 튀니지에서는 아랍의 봄의 대표적인 결실이었다. 독재정권이 무너지고 제헌의회, 총선, 대선, 지선 등이 정상적으로 치러졌다. 정권교체가 진행된 것만으로도 정치적 진보를 인정해야 할 것이다. 2019년 대선은 또 하나의 이정표가 됐다. 1956년 독립 이후 반세기 동안 튀니지 정치를 독점한 부르기바와 벤 알리 정권이 막을 내렸지만, 혁명 이후 정치를 장악한 이들은 구체제 인물들과 구체제에서 탄압을 받은 이슬람주의자들이었다. 결국 혁명의 주체가 아닌 기존의 두 진영이 펼치는 현실정치에 실망한 이들이 새로운 인물에서 새로운 길을 찾으려 했다.

대통령중심제와 의원내각제가 혼합된 정치체제를 가진 튀니지에서는

2019년 10월 총선과 대선이 연이어 치러졌다. 총선에서는 엔나흐다 당이 승리를 거두었고 대선에서는 기성 정치권과 거리가 먼 법학자 카이스 사이에드가 대통령에 당선되었다. 사이에드의 당선은 아랍의 봄 이후 권력을 행사해온 튀니지 정치권에 대한 국민의 심판을 의미하는 것이었다. 선거 초반만 해도 카이스 사이에드는 주요 후보로 거론되지 못할 정도여서 그의 당선은 의외였다. 언론계 거물 나빌 카루이도 자신이 창당한 자유주의 성향의 '튀니지의 심장당' 후보로 나와 결선에 진출하는 호성적을 거두었다. 아랍의 봄 이후 이슬람주의의 헤게모니 속에서 비종교적인 색채의 정치세력이 도전하는 형국이었는데, 2019년 대선에서 이러한 기존 구도에 금이 가기 시작한 것이다.

　선거의 쟁점은 주로 사회경제적인 주제들이었다. 그리고 빈곤 등 사회 문제 해결이라는 문제의식은 이에 무능한 기성 정치인을 물갈이해야 한다는 요구를 동반했다. 경제문제와 함께 사형제 폐지, 동성애 합법화, 징병제 폐지 등이 주요 이슈였고, 특히 성평등이 대선 과정을 장식한 핵심 이슈 중 하나였다. 아랍의 봄 이후 튀니지 사회에서 동성애 문제는 중요한 이슈였다. 이러한 분위기는 대선에도 반영되어 대선 후보들은 언론으로부터 동성애에 대한 입장을 요구받았다. 심지어 동성애자 변호사인 무니르 바투르가 아랍 세계 최초로 대선 출마를 신청했다가 거부된 일도 있었다. 물론 성소수자운동 진영은 그의 출마에 반대했지만, 이 사건은 동성애 이슈가 튀니지 사회에서 적극적으로 다뤄지고 있음을 보여줬다.

혁명의 굴절된 반영으로서의 선거

요즘 우리는 수시로 세계 여러 나라의 선거 소식을 접하게 된다. 선거 과정이 부정이나 폭력으로 얼룩진다거나 좌파든 우파든 급진적인 후보가 당선된다거나 또는 한국사회에 적지 않은 영향을 미칠 경우 더 많은 관심을 끌게 된다. 중동의 선거에 대한 우리의 관심 역시 다르지 않다. 특히 아랍의 봄이라는 정치적 격변을 선도했던 튀니지나 이집트의 선거가 눈길을 끌었다. 중동에서 이란, 터키, 이스라엘을 제외한 대부분의 아랍 국가는 아랍의 봄을 이런저런 방식으로, 그리고 서로 다른 시기에 경험했다. 그리고 아랍의 봄의 역사에서 선거는 중요한 비중을 차지했다. 인티파다, 이란혁명, 걸프전, 9·11테러와 이라크전쟁 이후 중동 최대의 정치적 사건이었던 아랍의 봄의 운명도 대선과 대통령의 거취에 크게 좌우됐다. 혁명이 강요한 벤 알리 대통령과 무바라크 대통령의 퇴진, 혁명의 첫 성과였던 무르시의 이집트 대통령 당선과 에셉시, 그리고 사이에드의 튀니지 대통령 당선, 그리고 반혁명의 힘을 보여준 엘 시시의 당선이 대표적인 사례이다. 2018년 3월 엘 시시는 97%가 넘는 득표율로, 역시 97%를 기록한 2014년에 이어 재선에 성공했다.

아랍 세계에서 선거는 혁명의 연장선상에 있다. 사회경제적인 문제의 해결, 권력구조 등 사회체제의 근본적인 변화, 외세의 배격 등 혁명의 요구들이 선거판을 장식하고 있다. 선거는 또한 현실의 역학관계를 반영한다. 구체제의 잔존 세력과 이슬람주의자들, 그리고 혁명 세력의 삼자구도가 선거판에서도 재현되는 것이다. 다만 이 구도는 제도적인 요인 등으로 인해 굴절되어 나타난다. 아랍의 봄의 부산물인 전쟁 역시 선거에 낙인을 찍고 있다. 리비아, 시리아, 예멘의 민주화가 내전으로 좌초되었다면, 내전은 선거에서도 구조적인 제약을 가하고 있다. 2021년 5월 26일에 치러진 시리아 대선의 결과는 예상대로였다. 시리아 내전 발발 이후 두 번째로 치러진 대선에서 현 대통령 바샤르 알 아사드Bashar Hafez al-Assad와 함께 전직 장관 압달라 살룸 압달라, 현 정권이 출마를 용인한 야당 후보 마흐무드 마레이가 출마했다. 이변을 기대하기는 어려웠다. 내전이 소강상태에 접어든 가운데 치러진 선거였기에 2014년 대선보다는 상대적으로 신뢰를 인정받을 수 있었지만 인구의 절반이 고향을 등진 상황이라 유권자의 절반만 참여가 가능했던 제한적인 선거였다.

내전이라는 특수한 상황만이 장애물은 아니다. 우선 상대적으로 짧은 국민국가의 경험이 더 많은 시간을 필요로 하는 듯하다. 20세기 초중반에 독립국가가 탄생하였으며 걸프만 국가들 중에는 1970년대에 독립한 나라들이 있을 정도로 아직 근대국가로서의 역사가 짧다. 독립 이후에도 구 식민본국이나 주변국, 그리고 미국, 러시아 등 강대국의 개입으로 내적으로 정치의 성숙이 이뤄지지 못했다. 아무리 우호적으로 봐도 중동의 제도권 정치를 긍정적으로 평가하기는 어렵다. 아직 왕이 통치한다거나 정당이 없다거나 국민이 직접 정치지도자를 뽑지 않는 나라도 여럿 있다. 또한 식민지 시대 이래 유럽의 영향이 정치제도에도 반영되어 있다. 영국을 닮은 입헌군주제 국가들이 있는가 하면 프랑스를 닮아 대통령중심제와 의원내각제가 혼합된 국가들도 있다.

종족과 종파로 분절된 구조 역시 민주주의 제도, 특히 대선이나 총선과 같은 일국 차원의 제도가 정착하는 것을 어렵게 한다. 레바논의 사례가 이 점을 다시 환기했다. 레바논은 이라크와 유사하게 대통령, 총리, 국회의장

Ⅴ 혁명 이후

등 주요 직위가 주요 종족 및 종파에 배정된다. 각각 마론파 기독교, 수니파, 시아파 출신이 맡는다. 따라서 종파주의 시스템이 견고한 상황에서 민주주의 이전에 세속적이고 근대적인 정치체제 수립이라는 선결과제와 씨름하는 힘겨운 모습을 보게 된다. 정당 역시 이념이 아니라 특정 종교나 종파를 가진 사람들로 구성되며 각 종파는 또한 특정 국가와 긴밀한 관계를 맺고 있어 외세 개입이 용이한 구조다.

2018년 레바논 총선은 종교 중심의 정치체제에 따른 유리천장의 위력을 실감케 했다. 특정 종파와 무관한 시민사회 후보들이 출마했지만, 성적표는 초라했다. 예를 들어 15개의 대선거구가 종파별 안배를 고려해 구획된 것이어서 종파와 무관한 세력이 끼어들 틈이 없었던 것이다. 유권자들은 부패, 국가의 실정, 태부족인 사회서비스 등 당면 과제를 고려해 투표하지 않았다. 이러한 시민으로서의 관심사보다는 자신이 속한 종교공동체를 위해 선택한 것이다. 민중 봉기의 힘도 종파 중심의 제도권 정치 앞에서는 무력했다. 2005년 시리아의 내정개입에 반발한 백향목 혁명, 2015년 여름 정부의 쓰레기 정책을 비판하며 수만 명의 레바논인들이 거리에 나선 소위 '쓰레기 혁명', 2019년 세금인상에 반발한 시위, 2020년 8월 베이루트 항구 폭발사고를 배경으로 한 대규모 시위 등에도 불구하고 종파 중심의 정치체제는 난공불락이었다. 레바논으로서 총선과 대선이 예정되어 있었던 2022년은 전환점이 될 수 있는 중요한 시기였다. 특히 2018년 5월 선거에서 압승한 이후 시아파 이외의 종파에도 영향력을 확대해온 헤즈볼라가 현재의 주도권을 유지할 수 있을 것인지가 주된 관심사였다.

저항운동과 선거의 디커플링

아랍의 봄 이후 정치를 좌우한 선거에서 아랍의 봄의 주역인 청년, 노동운동, 좌파, 시민사회가 보이지 않는다. 민중의 저항은 불평등, 권력 독점과 민중의 정치적 소외, 대외종속 등에 초점이 맞춰졌다면, 선거에선 이러한 근본적인 요인들이 소홀히 다뤄졌다. 종족 정치 같은 이 지역에 고유한 요인 외에도 사법 중심의 선거 분위기와 같이 우리에게도 낯설지 않은 양상이 선거를 정치계급의 잔치에 그치게 한다. 특히 부패 문제가 선거의 주요 이슈가 된다. 이는 권력독점과 폐쇄적인 정치문화, 그리고 초법적인 행태의 결과이자 선거 승리를 위해 물불 가리지 않는 이전투구 현상의 산물이다.

부패는 민중의 관심사이기도 하다. 그러나 민중의 기성 정치인 비판은 정치 세력 간의 사법적인 다툼과는 성격이 다르다. 법 위반보다 구조적이고 근본적인 차원의 문제의식을 가지고 있는 것이다. 이러한 상황에서 민중이 정치에 등을 돌리는 현상이 이제 갓 걸음마를 뗀 중동의 민주주의에서 너무 일찍 나타나고 있다. 튀니지 혁명을 대표하는 구호 '꺼져라leave'는 혁명의 성과에 실망한 튀니지 국민의 분노를 대변하는 용어로 이어지고 있다. 부당하게 과도한 권력을 가진 무능한 기득권 세력, 그들이 사라지거나 아니면 내가 떠나거나 하는 마음인 것이다. 또한 이슬람주의자들이 혁명의 과실을 가져갔다는 것 못지않게 중요한 것은 좌파의 운명이다. '혁명으로부터 버림받은 고아'라는 표현은 혁명의 중요한 주체였음에도 혁명 이후 소외당한 좌파를 가리킨다. 좌파와 노동운동의 노하우가 아랍혁명에 기여한 바를 생각하면 혁명 이후 좌파의 정치적 입지는 그에 부합하지 않는다.

대선 등 선거가 민중의 요구를 제대로 반영하지 못하지만, 사회 현실을 총체적으로 보여주는 의미있는 표상일 수 있다. 정의가 승리하는 모습을 보기는 힘들지만 선거를 외면할 수는 없다. 선거가 보여주는 황당한 풍경은 인정하고 싶지 않은 그 사회의 민낯이기 때문이다.

2

환상에서 벗어나는
튀니지 민주주의

2021년 여름, 미군이 철수하고 탈레반이 다시 권력을 장악한 아프가니스탄에 세계의 이목이 집중되었다. 그런데 넓은 의미로 같은 중동의 일원이지만 지리적으로는 멀리 떨어져 있는 튀니지에서도 극적인 장면들이 연출되고 있었다. 정국 경색을 몰고 온 대통령의 총리 경질과 의회 기능 정지, 아랍의 봄을 재연시키는 듯한 반정부시위, 그리고 중동 및 아프리카 지역에서 가장 심각한 양상을 띤 코로나19 팬데믹 상황이 당시 튀니지의 현실을 보여주는 몇 가지 장면이었다.

2021년 이후 튀니지가 겪고 있는 정치적 위기의 중심에 서 있는 카이스 사이에드 대통령
(Houcemmzoughi, CC BY-SA 4.0)[1]

초유의 정치상황

2021년 7월 25일 카이스 사이에드 대통령은 수상 히셈 메시시[Hichem Mechichi]
를 해임하고 뒤이어 내무장관, 법무장관, 국방장관 등 총 25명의 정부 부처
고위직을 경질했다. 이와 함께 한 달간 의회의 기능을 정지시켰다. 며칠 후
에는 원내 제1당인 이슬람주의 정당 엔나흐다의 연정 파트너인 또 다른 이
슬람주의 정당 알 카라마의 의원 두 명 등 여러 명의 의원이 체포됐다. 2019
년 총선에서 저질러진 불법행위에 대한 수사가 시작된 것이다. 이 혐의의
중심에 있는 엔나흐다에게도 대통령이 주도하는 부패 척결의 화살이 향하

고 있었다.

이렇게 대통령이 초강수를 두면서 튀니지가 두 진영으로 나뉘었다. 한편에는 엔나흐다와 이 당의 지도자이자 국회의장인 라셰드 간누쉬Rached Ghannouchi를 지지하는 사람들이, 다른 한편에는 대통령을 지지하는 사람들이 일전을 불사하게 되었다. 대통령에 따르면 이 조치의 배경은 몇 달씩 이어지고 있는 정쟁과 코로나19 팬데믹 상황의 악화였다. 여러모로 어려운 상황에서 나라를 구하기 위한 불가피한 조치였다는 것이다. 이에 맞서 간누쉬 국회의장은 이번 조치를 쿠데타로 규정하고 의회 정문에서 농성을 했다. 혁명 이전의 독재체제로 귀환하는 것이라며, 자신을 혁명과 민주주의를 수호하는 세력이라 표방했다.

여론도 둘로 나뉘었다. 한편에선 대통령의 조치가 히셈 메시시 정부의 실정에 대한 정당한 대응이며 새로운 희망을 품을 수 있는 전환점이라는 평가가 있었다. 반면 이 조치가 그간 튀니지가 만들어온 성과들을 무로 돌릴 수도 있다는 평가가 나오기도 했다. "라셰드 간누쉬가 떠났다. 이제 새로운 시대가 왔다"며 환호하는가 하면, 여전히 혁명 이후 정치권의 핵심세력이었고 안정적인 정당의 면모를 보여온 엔나흐다에 대한 신뢰를 저버리지 않은 사람들도 있었다. 2011년 구성된 초대 민주정부 이후 지금까지 엔나흐다는 거의 모든 정부에 참여하고 있다. 그럼에도 2013년 무슬림형제단 출신 대통령 무르시가 쿠데타로 실각하고 이슬람주의자가 대량학살을 당한 이집트의 사례가 튀니지에서도 반복될 수 있다는 우려도 나오고 있다.

2011년을 떠올리게 하는 반정부시위

한편 이 사태는 수주일 전부터 이어진 시위 직후에 벌어진 일이었다. 그래서 국민의 시위가 그동안 원성을 산 총리의 해임을 끌어낸 것이라고도 했다. 이전까지 메시시 정부는 국민의 대대적인 저항에 강경한 대응으로 일관했다. 수도 튀니스에서는 수주 전부터 시위가 원천 봉쇄됐다. 주말 기간 차량 통행이 금지되고 수도로 통하는 모든 길목에 바리케이드가 설치됐다. 마침 코로나19 확진자 수가 사상 최고치를 경신해 정부는 이를 '방역 조치'라 표방했고, "치안을 위한 조치인가, 방역을 위한 조치인가?"라는 비판이 제기되었다. 정부의 원천봉쇄 조치에도 2021년 7월 25일 일요일, 많은 청년들이 튀니스의 의회 근처 광장 등 튀니지 전역에서 의회를 해산하고 조기 총선을 실시할 것을 요구하는 시위를 벌였다. 이날 시위는 튀니지 혁명 10주년이었던 그해 1월 이후 수개월간 지속해온 반정부 투쟁의 연장선상에 있는 것이었다.

튀니지사회경제권포럼FTDES에 따르면, 2021년 1월부터 7월까지 총 7,743건의 사회운동이 발생했다. 이는 2020년 같은 기간 4,566건에 비해 크게 늘어난 수치였다. 1월(1492건), 2월(1,235건), 3월(1138건) 등 1/4분기에 많이 발생했다가 4월 841건, 5월 1,155건, 6월 937건, 7월 975건으로 조금 줄어들었다.[2] 2021년 1월에는 10년 전 2011년의 1월과도 같은 대대적인 반정부시위가 분출했다. 시위대의 목소리는 혁명 이후 형성된 정치계급을 비판하는 것이 주를 이뤘다. 의회 해산, 현 정부 퇴진, 그리고 나라를 이 지경에 처하게 한 자들을 벌하자는 것이었다. 그리고 2011년 튀니지 혁명의 애칭 중 하나인 "존엄성 혁명dignity revolution" 당시의 구호였던 "노동, 자유, 정의, 평등"

이 반복되었다.

최악의 코로나19 팬데믹 상황

국민의 격렬한 저항이 대통령의 조치가 나오게 된 계기였다면, 국민의 불만이 고조된 직접적인 계기는 튀니지의 코로나19 확진자 수가 이 시기를 전후해 최고 수치를 기록했기 때문이다. 인구수가 1,190만 명(2020년)인 튀니지는 2021년 8월 19일 현재 63만 명의 확진자와 2만 2천 명의 사망자 수를 기록하고 있었다. 특히 7월 중순에는 신규 확진자가 하루 평균 8천 명에 육박했고 이후 다소 줄어들어 8월 중순에는 2천 명대를 기록했다. 그 이전에는 가장 많았던 시기가 1월 중순으로 3천 명을 넘지 않았다. 그러다가 6월 하순부터 급증해 7월에 사상 최대 규모가 되었다. 8월에 들어서는 감염 상황이 다소 나아져 보건당국이 방역조치를 완화할 가능성이 있다고 발표하기도 했다. 방역조치가 시위를 막는 수단으로 악용되는 것에 대한 비판을 염두에 둔 것이기도 했다.

튀니지는 중동 및 북아프리카에서 인구 대비 확진자 비율이 높은 편이지만 특히 치명률이 높았다. 그로 인해 중증환자를 위한 병상을 구하기가 매우 어려웠다. 의료용 산소 공급에도 어려움을 겪는 등 의료체계가 붕괴 위험에 처했다. 게다가 7월까지 2차 백신 예방접종을 마친 국민은 7% 정도에 그쳤다. 자연스럽게 국민은 정부의 방역 정책에 강한 불만을 느끼게 됐다. 그렇지 않아도 튀니지는 2020년 -9%의 성장률, 18%의 실업률, 36%의 청년실업률을 기록하고 있었다. 코로나19 사태 이후 악화된 경제상황이 정부에 대한 불만이 극에 달한 국민을 더욱 자극한 것이다.

흔들리는 튀니지의 신화

아프가니스탄은 탈레반을 통해 가장 보수적이고 퇴행적인 이미지를 보여주고 있다. 반면 튀니지는 터키와 함께 중동지역에서 근대화와 서구화가 가장 진전된 나라로 알려져 있다. 일례로 1957년부터 1987년까지 대통령을 역임한 하비브 부르기바Habib Bourguiba는 튀니지 근대화의 상징적 인물이다. 그는 단지 경제적 근대화만이 아니라 사회적 근대화에도 관심을 기울였다. 특히 당시 아랍 세계 지도자 중 여성 해방에 기여한 거의 유일한 인물이었다. 식민지 해방 직후 일부다처제, 조혼 등을 금지하는 법을 제정하며 여성해방의 물꼬를 텄다. 이러한 튀니지의 근대적 이미지는 아랍의 봄의 도화선이 되면서 다시 한번 입증되었다. 그리고 이러한 개방적인 전통이 있었기에 혁명 이후인 2012~2013년 이슬람주의적인 방향으로의 헌법 개정을 막아낼 수 있었다. 당시 의회는 이슬람주의자들이 다수인 상황이었다.

　주변국에 비해 상대적으로 빨랐던 튀니지의 사회적 근대화가 저항의 전통을 낳은 간접적인 배경이 되기도 했다. 1960~1970년대 부르기바의 근대화 정책 중 하나는 출산억제였다. 그 결과 일찍이 튀니지는 평균 자녀수가 2~3명에 그쳤다. 이것이 낳은 예상치 못한 결과 중 하나는 자녀에 대한 높은 교육열이었다. 그로 인해 튀니지는 출산율 감소가 튀니지보다 늦은 1980~1990년대에 시작된 이웃나라 모로코나 알제리에 비해 인구 대비 학생이 비율이 크게 높았다. 인구수는 서너 배 저은데 하생 수는 ㅇ히려 많았

던 것이다. 높은 교육열과 학력은 튀니지 청년들이 이웃나라 청년들보다
더 강한 계층상승의 욕구를 가지게 만들었다. 그러나 불행하게도 근대화의
산물인 이 세대가 청년이 된 1980~1990년대부터 튀니지는 당시 글로벌 경
제가 위축되는 가운데 불황 또는 불안정한 경제 상황을 맞이하게 된다. 계
층상승의 욕구와 이를 뒷받침하지 못하는 경제 현실 간의 괴리는 지금까지
이어져 오고 있다. 그리고 열악한 고용상황에 처해 있는 고학력 청년은 저
항운동에서 중요한 역할을 하고 있다.

　튀니지는 특수성을 넘어 예외적인 사례로 간주되기도 했다. 아랍사회
가 권위주의의 숙명을 지녔다는 '아랍예외주의'는 오랫동안 회자되어 왔
다. 하지만 아랍의 봄 이후에는 이러한 이미지와 대척점에 있는, 민주주의
로의 도약에 성공한 튀니지의 예외성이 관심을 끌었다. 지역의 '유일한' 민
주주의 국가 튀니지는 지역의 강국은 아니지만 아랍 세계에서도 민주주의
가 가능하다는 희망으로 평가받았다. 튀니지 이슬람주의 역시 혁명 이전부
터 이집트의 무슬림형제단이나 알제리의 이슬람구국전선 등과는 다른 온
건하고 근대적인 이미지를 가지고 있었다. 1980~1990년대 알제리 이슬람
주의가 급진적인 노선을 채택했다면, 당시 엔나흐다 등 튀니지 이슬람주의
세력은 제도권 정치에 참여하고자 하는 온건하고 실용적인 노선을 표방했
다. 물론 이러한 차이에도 불구하고 양자 모두 정권의 탄압으로 토벌의 대
상이 되거나 투옥과 망명의 길로 내몰렸다. 이러한 튀니지 이슬람주의의
특성은 간누쉬가 표방하고 있는 '이슬람민주주의론'으로 계승되고 있다.
이제 그토록 원하던 제도권 정치의 참여가 이루어졌고 이란에서 시작되어
터키에서 꽃을 피우고, 아랍의 봄 이후 많은 이들이 기대하고 있는 '포스트
이슬람주의'의 길을 걷고자 하는 것이다.

그러나 정치적 민주화라는 성과에도 혁명이라는 이름에 걸맞은 사회 변화가 나타나지 않으면서, 혁명의 실패와 튀니지 정치의 구조적인 한계 등의 이야기들이 나오고 있다. 이제 정권의 핵심이던 엔나흐다 역시 계속되는 실정으로 주된 기반이던 대중적인 지지가 흔들리고 있다. 이런 배경을 고려하면 2014년경 가장 많은 IS의 자원병이 배출된 곳이 바로 튀니지였다는 것이 황당하지만은 않다. 그때는 세속적인 혁명이 일어나고 새로운 정권이 들어선 지 몇 년 되지 않았을 때였다. 당시 아랍의 봄의 유일한 성공 사례로 칭송되고 있었지만 정작 튀니지 청년들은 이라크와 시리아의 극단적인 상황이 낳은 극단적인 노선에 합류한 것이다. 동기는 다양할 것이다. 튀니지 이슬람주의가 이루려고 했던 이슬람 사회 건설이 IS에서 가능할 것이라는 기대도 있었겠지만, 혁명 후 수립된 정권이 인구 절반을 차지하는 실업자나 비공식 부문 종사자와 같은 민중의 기대에 부응하지 못한 것이 컸을 것이다. 이제 튀니지는 혁명은 고사하고 민주주의마저 유명무실해지고 있는 듯한 인상을 주고 있다. 그리고 이 글 앞부분에 언급한 사건들은 이러한 평가를 뒷받침해주고 있다.

위기는 환상에서 벗어나는 계기

아랍 지역에서 튀니지는 세속적이고 근대적인 민주주의에서도, 시대착오적으로 보이는 이슬람주의에서도 특별한 지위를 가진 나라다. 엔나흐다의 지도자 간누쉬는 모로코의 압델살람 야신, 알제리의 압바시 마다니, 알리 벨하지 등과 함께 1980~1990년대 아랍 이슬람주의의 영웅시대를 장식했던 인물이었다.

그런데 튀니지의 최근 몇 년간의 상황은 양자 모두에서 한계를 보여주고 있다. 그 주된 배경은 정치적 불안정일 것이다. 혁명 이후 아홉 번의 정부가 구성됐다는 사실이 이 점을 말해준다. 당연히 불법 이민, 실업, 구매력저하, 열악한 경제지표 등 시급한 사안이 제대로 다루어지지 않았다. 정치권은 문제를 해결하는 존재가 아닌 문제를 만드는 존재로 비쳤다. 튀니지국민은 더 이상 정당과 제도권 정치가 문제를 해결할 것이라 믿지 않는다. 그래서 다시 거리에서 해결책을 찾는 것이다. 사회운동의 한계도 확인되고있다. 정치권에 영향력을 행사하기는 하지만 산발적인 저항이 주를 이루고있다. 다양한 세력이 연대해 일관성을 가지고 추진하는 사회운동은 찾아보기 어렵다. 혁명 이후의 정부들이 그랬듯 사회운동 진영도 미래에 대한 비전을 제시하지 못하고 있다.

그러나 한계가 드러났다는 것은 진보의 표식이다. 이상화된 이슬람주의의 환상이 깨지고 정치적 민주화에 대한 순진한 기대에 금이 가고, 자연발생적 저항에 대한 보다 신중한 평가가 이루어지고 있다. 이것은 튀니지등 중동·아프리카 지역의 정치와 사회운동이 다람쥐 쳇바퀴와 같은 굴레에서 벗어나는 신호일 것이다. 아랍의 봄 당시보다는 열기가 식었지만 저항의 전통은 이어지고 있다. 민중의 이름으로 권력을 행사하는 제도화된세력의 한계가 민중을 다시 거리로 불러내고 있다. 더 정확하게 말하자면혁명 이후 민중은 항상 거리에 있었다.

3

보나파르티즘으로
이행하는 튀니지 혁명

아랍 혁명이 일어난 지 10여 년이 지난 지금, 이집트가 구체제가 부활하는 테르미도르를 걸림하고 있다면 튀니지는 보니파르디즘을 언싱시기는 상상을 보이고 있다. 이집트가 민주적인 과정을 통해 집권한 무슬림형제단 출신 대통령을 쿠데타로 몰아내고 폭압적인 체제를 부활시켰다면 튀니지는 혁명 이후 수립된 '2014년 체제'의 주역인 이슬람주의 정당 엔나흐다를 무력화시키기 위해 사이에드 대통령이 쿠데타에 가까운 조치를 취했다. 아랍혁명의 불씨를 당긴 2010~2011년, 민주적인 체제 수립으로 예외적인 성공사례로 칭송받은 2014년, 기성 정치권 출신이 아닌 인물이 대통령에 당선된 2019년, 튀니지는 언제나 세상을 놀라게 했다. 그리고 2021년 이후의 상황은 이전과는 다른 의미에서 주목받고 있다.

2021년 10월 카이스 사이에드 대통령의 통치권 장악에 반대하는 시위대(위)와 이를 지지하는 시위대(아래)의 모습 (Mohatatou, CC BY-SA 4.0)[1]

국민이 원한 새로운 헌법

2022년 8월 17일 국민투표를 통해 확정된 신헌법이 발효됐다. 헌법을 전공한 카이스 사이에드 대통령 주도로 마련된 새로운 헌법은 대통령에게 막강한 권한을 부여한다. 대통령이 의회의 동의 없이 단독으로 총리와 장관을 임명하거나 해임할 수 있으며 국회해산권도 갖게 됐다. 혁명의 산물인 2014년 헌법에 따르면 대통령이 의회를 해산할 수 없었다. 이제 카메라로 생중계되는 상황에서도 주기적으로 이런저런 종류의 폭력이 발생하는 의회, 사이에드가 추진하는 개혁에 걸림돌이 되는 의회를 제압할 길이 생긴 것이다. 역으로 대통령에 대한 탄핵소추 절차는 더 어렵게 만들었다. 5년 임기에 1회 연임이 가능한 대통형의 임기 역시 '임박한 위험'을 근거로 연장할 수 있게 됐다. 이로써 벤 알리 시대의 독재로 회귀하지 않도록 하기 위해 대통령의 권한을 제한했던 2014년 헌법의 시대가 막을 내렸다.

2022년 7월 25일 국민투표에 부쳐진 개헌안은 94.6%라는 압도적인 찬성으로 통과됐다. 2011년 혁명 이후 치러진 선거 중 가장 높은 지지율을 기록한 선거였다. 혁명으로 퇴진한 벤 알리 대통령 집권기의 득표율을 연상케 하는 수치였다. 역설적으로 반대진영의 선거 보이콧 호소에도 사이에드에 부정적인 소수의 유권자가 투표소에 나온 덕에 우스운 결과를 면한 측면도 있다. 사이에드는 이렇게 말했다. "국민이 원한다. 국민은 자신들이 원하는 것이 무엇인지 안다." 그리고 적어도 투표로 의사가 표현된 부분만 보면 신헌법은 국민이 원하는 것이었다.

개헌안 투표가 치러진 날은 의회해산 조치를 발표한 지 정확히 1년이 되는 날이었다. 그동안의 과정을 되짚어 보자.[2] 2021년 7월 25일 사이에드 대통령은 원내 1당인 엔나흐다 당과 수개월에 걸친 갈등 끝에 한 달 동안 의회의 기능을 정지시키고 같은 당 출신 총리인 히셈 메시시를 경질한다. 정적들을 무력화한 후 그는 9월 22일 대통령의 행정명령만으로 통치하는 것을 허용하는 조치를 발표한다. 2022년 1월 15일에는 헌법 개정을 염두에 두고 국민의 의견을 직접 듣는다는 취지로 온라인 설문조사를 실시했다. 국민이 경제, 정치, 사회 등 여러 영역에 속한 30개의 질문에 응답하는 식이었다. 2월 6일에는 법관과 검사 임명 등을 담당하며 사법부의 독립을 보장하던 헌법기관인 고등사법위원회CSM도 해체됐다. 부패 혐의와 법관의 징계와 관련된 조사 업무를 지연시킨다는 이유로 내려진 조치였다. 2월 6일이라는 날짜를 선택한 것도 이유가 있었다. 즉 9년 전 바로 이날 민주진영 인사였던 쇼크리 벨레이드^{Chokri Belaid}가 급진 이슬람주의자들에 의해 살해된 것에 대한 보복이라는 점을 추정할 수 있다. 6월 4일, 사이에드가 임명한 자문위원회가 대통령 관저인 카르타고 궁전에서 개헌안 준비를 위한 첫 모임을 가졌다. 자문위 위원장을 엔나흐다 당에 매우 비판적인 입장을 취해온 법조인 사독 벨레이드가 맡았다는 점에서 새 헌법의 의미를 가늠할 수 있었다. 6월 30일 헌법 개정안이 발의됐는데 위원회의 작업 결과와는 상당히 다른 것이어서 사이에드가 임명한 위원장조차 크게 반발할 정도였다. 그리고 7월 25일 이 헌법에 대한 국민의 의사를 묻는 투표를 실시했다.

합의의 정치문화와의 단절

새 헌법안이 공개되자 우려의 목소리가 커졌다. 대부분 독재로의 길이 열릴 수 있다는 이유 때문이었다. 2019년 사이에드가 예상을 뒤엎고 대통령에 당선될 때 정치계급의 이권다툼으로 좌초되고 있던 혁명의 불씨를 되살릴 것으로 기대했던 이들도 등을 돌렸다. 물론 사이에드의 행보를 정치권이 왜곡한 2011년 혁명을 올바로 세우는 것이라는 평가도 없지는 않다. 기성 정당들이 이기적이고 한심하니 권력을 독점하더라도 국민과 국가를 위해 이를 용인해야 한다고 생각하는 것이다. 1년 전 권력 독점을 추진할 당시 사이에드가 제시한 명분인 '임박한 위협'이 이러한 인식을 담고 있다. 즉 부패와 정쟁이 튀니지 사회를 위태롭게 하고 있다는 것이었다. 그러나 그가 느낀 위협은 자신을 겨냥한 세력들이었을 것이다. 이들의 저항을 체계적으로 제압한 후 자신이 구상하는 정치를 헌법에 반영하고자 한 것이다. 구체제를 대상으로 하는 투쟁이라는 정당성을 부정할 수는 없다. 과거 독재정권의 잔재, 그리고 종교세력에 맞서는 민주 세력의 투쟁이라는 대의가 있다. 그러나 아무리 정당한 목적을 위한 것이라도 다원적이고 민주적인 방식을 포기해서는 안 된다는 반론에는 답변이 궁색하다.

문화와 달리 정치 영역에서 다원주의는 주로 미국이 제국주의적인 목적으로 다른 나라를 비방하는 도구로 사용하는 경우가 많아 우선 의심을 하게 된다. 또한 중동 및 북아프리카 지역의 경우 식민 지배의 유산으로 사회가 여러 부분으로 갈라져 사회갈등의 원인이 되기 때문에 다원주의를 정치적 대안으로 주장하기는 쉽지 않다. 그러나 다원적인 현실을 무시할 수도 없다. 이슬람이 대표적인 사례인데 사회 전 영역에 걸쳐 존재하는 이 오래된 요소는 근대적인 발전에 장애 요소로 작용하기도 해 서구식으로 사적 영역에 국한했으면 하는 생각을 갖게 된다. 하지만 근대 초부터 시도된 이런 방향의 시도는 번번이 실패했다. 그런데 이번 개헌은 대통령의 권한 강화와 함께 혁명이 낳은 타협의 정치, 즉 아랍-이슬람적 요소와 서구식 근대주의 간의 공존, 다양한 세력 간의 협치의 가능성에 선을 그었다.

사이에드 자신도 준비과정에 참여한 바 있는 2014년 헌법은 한 정당이 의회에서 과반의 의석을 차지하는 것을 방지하는 장치를 두고 있었다. 선거에서 제1당이 된 정당이 정부를 구성하기 위해서는 다른 정당과 연대해야만 하는 것이다. 합의의 모델은 이원화된 사회의 반영이기도 하다. 인구가 1,170만 명 정도이고 국토의 면적도 남한보다 조금 큰 정도인 튀니지도 다양한 세계로 갈라져 있다. 2011년 혁명은 지중해 북단 서구로 열린 해안 시역과 매세된 내륙 간의 격차, 그리고 비대해진 비공식 부문의 열악한 '싱

황을 드러냈다. 정치와 이데올로기의 장에서도 이러한 사회적 균열이 반영된다. 이슬람 세력이 정치적 장의 주된 배역으로 등장한 1980년대 이후 튀니지 사회에서 이슬람의 세계는 민중의 세계이고 근대적인 세계는 엘리트들의 세계로 여겨져 왔다. 정권의 역할 중 하나도 이 두 유형의 세계를 연결하는 고리 역할을 하는 것이고 불리한 위치에 있는 이들을 효과적으로 통합하는 것이었다. 결과가 좋지 않은 경우가 많았고 반란이나 탈정치화, 국외로의 이주 열풍은 이 과제가 제대로 수행되지 못하고 있음을 보여주는 징표였다. 신헌법이 함축하는 이슬람주의에 대한 공격이 이를 지지하는 민중에 대한 포섭 전략을 동반하지 않는다면 사회가 둘로 갈라지는 비극을 반복할 수도 있다.

보나파르티즘의 부활

한편 혁명 정신의 계승자를 표방하면서 국민의 지지를 등에 업고, 선거를 활용해 권력을 독점하는 사이에드의 행보는 보나파르티즘을 연상시키는 면이 있다. 선거제도의 역사를 보면, 보편적인 제도로 자리 잡는 과정은 전혀 순조롭지 않았다. 누구나에게 정치적 권리를 준다는 생각은 영국이나 미국에는 낯선 제도였고 본고장인 프랑스에서도 상당한 반발에 직면했다. 역량있는 적극적인 시민과 정치에 참여할 만한 능력이 부족한 소극적인 시민을 구분했고, 대중의 비합리적인 속성을 강조하고 민주주의의 과잉을 우려했다. 엘리트들의 우려가 정치적인 것만은 아니었다. 모두의 정치 참여는 모두를 위한 정책을 낳을 수 있고 그것은 경제적 평등이라는 '악몽'으로 가는 길이었다. 역으로 평등을 향한 길은 경제적인 투쟁과 동시에 정치적인 투쟁이라는 쌍두마차가 이끄는 과정이었다. 그래서 지배세력은 어떻게든 투표권을 제한하려 했다. 그러나 차티스트 운동이나 1848년 혁명과 같은 민중의 거센 저항이 이전과는 다른 대응을 강요했다.

새로운 통치 모델을 제시한 이는 나폴레옹 1세의 조카로서 왕족이자 1848년 12월 직선제로 뽑힌 프랑스 최초의 대통령이기도 한 루이 나폴레옹 보나파르트였다. 그도 당시 대부분의 지배세력과 마찬가지로 대중을 경멸했지만, 대중이 정치에 실질적으로 참여하는 것을 억제하면서 정권의 정당성을 뒷받침하는 기제로 선거제도를 활용하는 코페르니쿠스적 전환을 하게 된다. 지배계급에게 투표는 더 이상 두려운 것만은 아니게 됐다. 무지하고 위험한 민중을 효과적으로 통제하는 수단이 된 것이다. 나폴레옹 3세가 된 루이 나폴레옹 보나파르트는 항상 인민과 대중을 이야기했다.[3] 그런데 이때 인민은 누구인가? 루이 나폴레옹이 필요로 했던 인민은 권력으로부터 독립적인 위치에 있는 정당이나 노조에 조직되어 있는 이들이 아니었다.

노조, 정당을 제쳐두고 조직되지 않은 개인으로서의 대중에 호소하고 투표를 동원의 계기로 활용하는 방식은 이후 많은 사례로 이어진다. 프랑스의 독립 영웅 드골이 보여준 통치방식은 정당보다 우위에 서서 국민을 통합하고 의회를 불신하고 선거로 선출된 대통령에 우월한 지위를 부여하는 것, 그리고 이를 바탕으로 대외적으로 강한 국가를 추구하는 것이었다. 이는 공화주의적인 현대 정치에 적용된 보나파르티즘의 전형적인 사례였다. 민주주의가 보편화된 현대사회에서도 이러한 방식은 사라지지 않았다. 현대사회에서 영웅, 구세주, 기라고 미적 지도자는 제도권 밖, 즉 사회의 등

떨어진 곳이 아니라 매체나 선거를 통해 제도의 중심에서 탄생한다. 그리고 국민은 이 구세주가 보호해줘야 할 연약한 아이들이다.

튀니지가 프랑스 식민지였다는 것이 사회 곳곳에 흔적을 남겼지만 정치에서도 마찬가지다. 2011년 혁명 후 수립된 정치체제가 프랑스를 닮은 이원집정제였다는 점에서 이를 확인할 수 있다. 보나파르티즘의 사례도 발견할 수 있다. 튀니지에 국한된 것은 아니지만 독립 영웅이자 초대 대통령을 지낸 부르기바의 통치방식은 온정주의에 기반을 둔 것이었다. '삶의 기쁨'을 약속했던 당시 부르기바는 이를 실현하기 위해 의료, 주거, 교육 분야의 인프라 확충을 적극적으로 추진했다. 국민에게 국가는 자신들에게 축복을 주는 존재로 여겨졌다. 부르기바 시대에 지리학자였던 하비브 아티아는 이러한 당시 상황을 농촌 주민들이 신의 축복보다 국가의 축복을 더 기다렸다고 표현한 바 있다. 그렇다고 이들이 권리까지 부여받은 건 아니었다. 이 온정주의 국가 모델은 부르기바에 이어 1987년에 집권한 벤 알리 정권에서도 사라지지 않았다. 그러나 정치적 처방은 동일했지만, 그 배경이 되는 경제 상황은 크게 달라졌다. 이제 신자유주의 세계화의 시대가 됐고 온정주의는 신자유주의가 낳은 양극화의 문제에 대한 대증요법의 수단으로 축소됐다. 국가는 설사 그럴 의지가 있었다고 해도 이전과 달리 모든 국민의 요구에 대응할 능력을 상실한 상태였다. 사이에드가 통치하는 지금도 물질적인 양보로 정권의 정당성을 확보하고 사회적 평화를 달성하기는 쉽지 않다. 그러나 적어도 투표 등 정치적, 이데올로기적 기제를 통해 통치 기반을 굳건하게 하는 전략은 항상 가능하며 실제 적지 않은 성공을 거두고 있다.

사이에드가 보여주는 대중에 대한 흡인력은 이미 하비브 부르기바와 벤 알리 대통령의 권위주의적이고 동시에 온정주의적인 모습에서 그 선례를 찾아볼 수 있다. 이와 함께 튀니지 사회가 겪었던 수십 년간의 독재로 인해 정치 문화라고 할 만한 것이 존재하지 않는 상황에서 그 이유를 찾을 수도 있다. 70여 년간의 프랑스 지배에 이어진 50년의 독재, 10년의 혼돈은 정치에 대한 환멸을 낳기에 충분했던 것이다. 국민은 구체적인 이런저런 개혁조치나 제대로 된 민주주의 제도의 작동과 같은 것에 더 이상 큰 기대를 하지 않고 있다. 그보다는 구세주로 여겨지는 한 인물이 행하는 기적을 믿고 싶은 것이다.

전망

튀니지 혁명은 이제 새로운 단계로 넘어가고 있는 것으로 보인다. 특히 평등의 두 바퀴, 즉 정치적 민주화와 경제적 민주화를 어떻게 달성할지 지켜봐야 한다. 정치적으로는 혁명의 산물인 형식적 민주주의가 한계에 부딪힌 상황에서 사이에드가 주도하는 변화가 실질적인 참여 민주주의로 이행할지, 많은 이들이 우려하듯이 아랍 세계에서 흔히 보아온 독재로 귀결될지 이목이 쏠리고 있다. 경제적 민주화의 길은 더욱 험난해 보인다. 새로운 헌법 도입이 현재 튀니지가 겪고 있는 사회경제적인 문제를 완화하는 데 기여하기는 어려울 것이다. 애당초 그럴 목적이 있었던 것은 아니기 때문이다. 사회적 민주화에 대해서도 사이에드 개인에 기대하기는 어려워 보인다. 동성애나 상속법과 같은 사회문화적 영역에서 사이에드는 진보적이라고 볼 수 없다. 오히려 보수적인 인물에 가깝다. 그보다는 시민의 역량과 참여 공간이 늘어난 혁명의 성과에 기대를 걸어야 할 것이다. 이제 헌법에 새겨진 제왕적 대통령제에 대한 평가는 사이에드가 내세우는 국민이 무엇인지, 그리고 그 국민과 어떤 관계를 맺을지에 달려 있을 것이다. 그 결과에 따라 최근 일련의 조치들이 튀니지식 타협의 정치문화를 저버린 역사적 과오였는지, 새로운 정치의 판을 짜는 진통이었는지 판가름이 날 것이다. 그가 말하는 국민이 보나파르티즘의 신봉자들이 즐겨 썼던 '위대한 민족' 스타일의 것은 아니기를 바랄 뿐이다.

4

사회적 경제로
부활하는 아랍사회주의

사회연대경제법 제정

2020년 6월 하순 튀니지에서는 아랍 세계 최초로 사회연대경제법이 제정됐다. 사회연대경제[1]의 개념, 목표, 운영방식 등에 관한 규정을 담은 법이 제정됨에 따라 튀니지는 최근 성장하고 있는 사회적 경제 영역의 법적인 틀과 관련 정책의 근거를 마련하게 됐다. 또한 사회연대경제 조직들은 각종 지원과 함께 자신들의 이해를 대변할 기회를 얻을 수 있게 됐다.

튀니지에서 이 법이 제정된 것은 사회적 경제 조직들의 역할 때문이기는 하지만, 이곳에서 시작된 아랍의 봄과도 무관하지 않다. 이제 중요한 것은 어떻게 이 법이 공허한 선언에 머물지 않게 할 것인가이다. 정치권은 사회연대경제법 도입의 주된 목적으로 고용 창출과 경제성장을 내세웠다. 실

2020년 6월 17일 튀니지 의회에서 사회연대경제법이 통과되었다. (Sami Mlouhi, CC BY-SA 4.0)[2]

제로 튀니지에서는 부와 일자리 창출에 있어 사회적 경제에 거는 기대가 크다. 하지만 문제는 산적해 있다. 법은 제정됐지만 이 분야와 관련된 국가 전략을 찾기는 어렵다. 사회연대경제 정책이 존재하지 않는 것이다. 반면에 국가가 협동조합이나 자주관리운동의 자율성을 해쳤던 과거의 경험을 반복하지 않도록 해야 하는 과제도 있다. 사회적 경제에 대한 이해가 전반적으로 부족하고, 이 영역에 속한 조직들 간의 협동이나 다양한 주체들 간의 거버넌스 경험이 일천한 것도 문제다.

가까운, 그리고 먼 사회적 경제의 전사

사회연대경제법의 제정이 사회적 경제와 관련된 첫 입법 사례는 아니었다. 튀니지에는 이미 협동조합, 공제조합, 민간단체에 관한 법이 존재한다. 협동조합은 1967년에, 공제조합은 그보다 이른 1954년에 법제화됐다. 민간단체는 보다 늦은 2011년 아랍의 봄의 성과로 관련 규정이 도입됐다. 그래도 여전히 중동 및 북아프리카 지역은 사회적 경제와 거리가 있어 보인다. 아랍인은 아프리카인과 함께 유럽에서 발달한 사회적 경제의 대상으로 익숙하다. 지중해 남쪽에서 온 이주민의 사회통합을 돕는 사회적 기업, 또는 공정무역을 중심으로 한 새로운 성격의 발전된 NGO가 떠오른다. 중동 및 북아프리카 내부의 사회적 경제는 거의 주목을 받지 못했다. 그나마 이뤄진 연구도 외부의 주된 관심사인 이슬람, 종족공동체 등과 연관된 것이 대부분이다. 이스라엘의 키부츠 운동, 꾸란의 해방적 해석에 근거를 둔 그라민은행의 사례, 그리고 무슬림형제단의 사회경제적 활동이 대표적인 사례로 언급되곤 했다. 실제로 한 시대를 풍미한 이슬람주의가 사회적 경제의 역사에도 한 획을 그었다는 점은 부정할 수 없다. 최근까지 직접적 정치활동이 어려웠던 상황에서, 이슬람주의는 지역사회의 교육, 의료, 문화, 소비 등을 담당하는 NGO 또는 일종의 사회적 경제 조직으로서 활동을 벌여왔다.[3] 이들의 활동이 남미 해방신학의 사례와 유사하다고 해서 '이슬람 기초공동체'라는 용어가 사용되기도 했다.

보다 이 지역 사회적 경제의 전사에 가까운 것은 자본주의와 사회주의 간 진영 대립이라는 냉전 상황에서 제3의 길을 모색한, 그리고 정치적으로 비동맹세력의 핵심이었던 아랍 민족주의 정권의 경제모델일 것이다. 이립

민족주의의 거점이었던 이집트에서는 1952년 나세르 집권 직후 바로 토지 개혁이 시도됐다. 영국 식민지배를 거치면서 토지를 독점한 대토지 소유주들의 토지 상당부분을 몰수해 이들 세력을 약화하고 가난한 농민들에게 분배함으로써 정권의 지지기반을 확대하고자 했다. 또한 토지개혁을 통해 국가가 확보한 재원을 제조업 발전의 종잣돈으로 활용했다. 이러한 농업분야의 개혁이 기대한 만큼의 성과를 거두지는 못했다. 특히 농민들이 기존 대농의 지배에서 자유로워진 대신 국가의 지배를 받게 된 것이다. 그리고 이 국가의 주된 통제수단이 역설적으로 협동조합이었다.[4]

130년 식민지배에서 벗어난 알제리는 독립 초기에 개방적인 경제정책을 편 튀니지, 모로코와 달리 국가주도로 석유 등 주요 산업의 국유화와 자주관리운동Autogestion을 전개했다. 알제리 사회주의를 표방하면서 국가 주도로 농업협동조합과 제조업협동조합이 만들어졌으며 협동조합들을 합병해 최초의 공기업을 만들기도 했다. 그러나 프랑스의 개입과 국가 관료제의 폐해 등으로 인해 실패를 경험하게 된다. 그래도 알제리는 자주적 발전 경험으로 1980년대 중반까지 이웃나라들과 달리 심각한 금융위기를 겪지 않았고, 개혁·개방이 추진되는 과정에서도 자주적인 면모를 보였다.

튀니지도 독립 이후 추진했던 자유주의적 경제정책의 실패를 교정하고자 했다. 1960년대에 당시 수상이던 벤 살라Ben Salah는 자주적인 경제정책과 협동조합운동을 주요 내용으로 하는 정책을 폈다. 농업의 생산성을 높이기 위한 정책의 일환으로 소농들의 토지를 협동조합의 소유로 집단화한 것이다. 그러나 소농들은 더 빈곤해졌고 결국 1969년 살라가 퇴진하면서 이 정책이 중단되고 토지는 다시 개인소유로 환원됐다. 이렇게 사회적 경제의 역사적 유산은 계승해야 할 자산이기보다 어두운 기억으로 남아있는 측면이 크다. 튀니지에서 협동조합은 여전히 과거에 실패한 강제적인 토지 집단화 정책의 경험을 떠올리게 하고, 알제리에서도 사회적 경제는 본래의 의미와 정반대로 국가 주도의 경제모델로 인식되는 경향이 있다.

새로운 사회적 경제

위에서 사회적 경제의 사례로 중동보다 북아프리카 국가들의 사례를 언급한 것이 자의적인 선택의 결과만은 아니다. 같은 아랍국가들의 경우에도 중동과 북아프리카의 상황이 다르기 때문이다. 중동지역 국가들은 시리아, 이라크, 예멘, 팔레스타인처럼 전쟁 상황이거나 사회적 경제가 발전하기 어려운 산업구조를 가진 산유국인 경우가 대부분이어서 사회적 경제에 대한 관심이 약한 편이다. 이에 비해 북아프리카 지역은 석유 의존도가 크고 10년 가까이 내전이 지속되고 있는 리비아를 제외하면 사회적 경제라고 볼 수 있는 경제형태가 현재의 경제적 어려움을 극복할 수 있는 효과적인 무기로 여겨지고 있다. 특히 알제리, 튀니지, 모로코가 사회적 경제의 중심지 중 하나인 프랑스의 식민지배를 받았고, 지금도 가장 가까운 동맹국이라는 점도 중동과 다른 북아프리카의 양상을 설명해준다.

연대, 호혜, 협동은 북아프리카 사회에서 새로운 것이 아니다. 가족, 동네, 종교나 종족 공동체 등 전통적인 단위에서 호혜적인 관계가 존재해왔고 공동노동은 흔한 관행이었다. 하지만 어느 정도 체계를 갖춘 사회적 경제의 부상은 1980년대 이후의 현상이다. 민간단체나 사회적 기업과 같이 사회적 경제가 조직적인 형태를 띠게 된 것은 이 지역의 역사에서 새로운 것이다. 모로코와 튀니지에서는 1980년대 말부터 이 '새로운 사회적 경제'가 등장하는데, 그 배경은 당시 진행된 구조조정이 초래한 문제에 대한 대응이 필요했기 때문이다. 알제리에서는 조금 늦은 1990년대 중반에 모습을 드러냈는데 두 이웃나라와 마찬가지로 경제개방이 가져온 배제, 빈곤, 실업과 같은 문제를 완화시켜보고자 하는 의도에서였다.[5]

보다 본격적인 성장은 민중의 저항운동이 계기가 됐다. 튀니지에서는 2011년 1월 혁명이 계층 간, 지역 간 격차를 적나라하게 보여주었다. 그리고 이러한 불평등 문제는 이 나라가 채택한 발전방식의 산물로 인식됐다. 알제리, 모로코까지 확산된 민중봉기는 생활수준의 획기적인 상승에 대한 대중의 강한 욕구를 보여주었다. 그리고 이러한 요구에 부응하는 방법 중 하나가 바로 사회연대경제였다.

혁명에서 싹튼 사회적 경제

일반적으로 프랑스 식민 지배를 겪은 북아프리카 3국을 논의할 때 인구가 많고 국제정치적으로 비중이 더 큰 알제리를 먼저, 그리고 모로코나 튀니지 순으로 얘기하는 경향이 있다. 그런데 적어도 최근 사회적 경제 분야에서는 튀니지가 돋보인다.

위에서 소개한 사회연대경제법 제정을 전후해 이 분야에 대한 사회적 관심이 뜨겁다. 몇몇 사례가 이러한 분위기를 보여준다. 사회연대경제법 공표 직후 튀니지 최대 보험회사인 교직원공제보험MAE은 금융기관으로는 최초로 기업의 비전에 '인간 가치'와 '지속가능한 발전'을 표방하며 사회연대 보험회사로 거듭났다. 1962년 교사단체가 설립한 이 회사는 비영리기업으로 회원이 약 30만 명이며 교사, 일반 직장인, 수공업자, 전문직, 기업, 민간단체 등 다양한 직종을 아우르고 있다. 그리고 이들에게 다양한 보험상품을 제공하고 있다.[6] 법 제정 과정에서는 페이스북 그룹 #Tounes solidaire의 활동이 두드러졌다. 이 모임은 튀니지의 90개 사회연대경제 조직을 대표하는 106명이 서명한 공개서한을 계기로 시작됐다. 사회연대경제법 제정과정에서 자신들의 의견을 개진했고 어느 정도 반영되기도 했다.

튀니지는 관광업과 함께 농업이 경제의 핵심 분야다. 『Food insecurity and Revolution in the Middle East and North Africa(중동·북아프리카의 식량 불안정과 아랍혁명)』[7]이라는 책에서 아예브와 부시^{Habib Ayeb et Ray Bush}는 2011년 아랍민중의 봉기에 대해 새로운 해석을 제시했다. 잘못된 역대 농업정책이 농촌 주민들의 식량사정을 불안정하게 만들었고 봉기를 초래했다는 것이다. 그 근거로 아랍의 봄에서 저항을 주도한 것이 농촌지역이었으며 아랍의 봄을 상징하는 모하메드 부아지지의 이력에서도 이 점을 확인할 수 있다는 점을 제시했다. 부아지지가 2010년 12월 17일 경찰에 모욕을 당한 후 분신한 과일 노점상이라는 기존 설명에 덧붙여, 같은 해 6월과 7월에 그가 생을 마감한 시디 부지드 시 청사 앞에서 농민 시위에 참여한 사실을 언급했다. 노점상이었던 그가 농민 시위에 참여했던 것은 그의 가족이 부채에 시달렸고 그 자신도 오랫동안 일했던 농장을 빼앗겼기 때문이라는 것이다. 이제 수출, 고용 등에서 비중이 큰 농업 분야, 그중에서도 특히 빈곤, 지리적인 고립, 낮은 교육수준과 문해율 등 소농이 직면한 문제를 해결할 수 있는 사회적 경제의 역할에 튀니지 사회가 주목하고 있다.

국가라는 딜레마

북아프리카의 사회적 경제 논의에서는 유독 국가의 역할이 중요하게 다뤄진다. 아랍사회주의의 경험이 낳은 유산이기도 하고 그로 인한 트라우마 때문이기도 하다. 특히 석유수입으로 재정여력이 있는 알제리는 사회적 경제 조직에 보조금을 주거나 유리한 조건으로 대출을 해주는 등 적극적으로 개입하고 있다. 이와 관련해 사회적 경제 조직이 물질적인 지원을 받으며 정권의 요구를 실현하는 수단이 된다는 지적도 있다. 이러한 사회적 경제 분야의 정치도구화 현상은 이 분야에 대한 사회적 인정에 해가 될 수 있으며, 자율성이 생명인 사회경제적 혁신을 저해하는 측면도 있다. 공식적인 경제부문에 진입하기보다는 국가를 대신해 소액금융이나 돌봄서비스와 같은 취약계층 대응 사업에 그치는 양상을 보이기도 한다. 국가 주도에 따른 사회적 경제의 왜곡 현상이 비단 한국사회만 겪는 문제는 아닌 것이다.

코로나19와 사회적 경제

사회연대경제는 코로나19 사태로 인해 그 어느 분야보다 타격이 컸다고 할 수 있다. 매출액이나 기부액이 감소하고, 격리나 거리두기로 인해 자원봉사가 위축되기도 했다. 북아프리카 지역도 유럽만큼은 아니지만 한국보다는 심각하게 코로나19 팬데믹의 영향을 받았다. 특히 사회적 경제 조직의 상당수를 차지하는 소규모 사회적 기업은 일반적인 소기업과 마찬가지로 존폐의 기로에 서게 되었다. 따라서 이 조직들의 상황에 부합하는 맞춤형 지원이 요구되었다.

역으로 코로나19 사태로 사회적 경제가 유용한 대안으로 각광받기도 했다. 특히 최근 몇 년간 경제상황이 좋지 않았던 북아프리카 3국에서는 고용의 약 절반을 차지하는 비공식 부문을 중심으로 감염병으로 인한 피해가 확산되면서 사회적 경제에 큰 기대를 걸게 되었다. 앞에서 소개한 튀니지의 입법 사례가 이러한 당시 상황을 잘 반영한다. 또한 팬데믹을 거치면서 공공성과 사회적, 환경적 가치의 중요성이 재확인되면서 사회적 경제의 세계관과 경제관의 유효성이 입증되기도 했다. 사회적 경제의 현실은 고난을 겪고 있지만 그 정신과 대안으로서의 가치는 빛을 발하고 있는 것이다.

5

'아랍의 봄' 이후의 이주

프랑스 남부도시 마르세유에 본부를 둔 NGO단체 'SOS 지중해'의 구조선인 '대양 바이킹Ocean Viking'은 2021년 1월 20일부터 이틀간 리비아 연안에서 구조작업을 벌여 374명의 난민을 구조했다. 당시 해당 지역의 기상상황이 매우 나빴던 점을 고려하면 구조되지 못한 사람들은 매우 낮은 수온의 바다에서 생존이 어려웠을 것으로 추정된다. 통상 그렇듯 난민들은 타이어로 만들어진 허술한 보트에 타고 있었다. 1월 12일에는 난민을 실은 보트가 리비아 해안에서 정박을 시도하다 43명이 익사하기도 했다.[1] 국제이주기구 IOM에 따르면 2020년 1,200명 이상의 난민이 지중해에서 목숨을 잃었고, 사고 대부분이 이탈리아로 향하는 리비아 해안지역에서 발생했다. 또 다른 통계에 따르면 지난 6년간 리비아와 이탈리아의 시실리섬 사이에서만 1만 6,000명의 이주민이 목숨을 잃었다.[2]

2016년 1월 그리스 레스보스 섬 인근의 난민선(Mstyslav Chernov/Unframe, CC BY-SA 4.0)[3]

무슬림의 침공은 일어나지 않았다

모로코에서 스페인을 잇는 서부 루트, 터키와 그리스를 잇는 동부 루트 등 지중해의 다른 루트와 마찬가지로 리비아와 이탈리아를 잇는 중부 루트에서도 한 해 수십만 명의 사람들이 전쟁과 빈곤에서 벗어나기 위해 바다를 건넌다. '아랍의 봄'과 리비아, 시리아 내전을 떠올리면 이 배에는 리비아인이나 인근 아랍국가 사람들이 타고 있을 것 같다. 그러나 예상과 달리 이번에 구조된 사람들은 기니, 수단, 시에라리온 출신자들이었다.[4]

아랍의 봄과 그로 인해 촉발된 내전 초기, 세계의 언론은 북아프리카와 중동 출신 난민들이 유럽으로 밀물처럼 몰려오리라 전망했다. 그때가 2016년경이었나. 이슬람 극단주의 세력인 IS의 등장으로 시리아와 이라크의 상황이 악화하면서 난민 행렬이 이어졌고, 이들의 수용을 둘러싼 논쟁이 전 세계의 관심을 끌었다. 당시 수용에 부정적인 입장을 보인 진영은 일자리 경쟁으로 인한 자국민의 피해나 테러 위험 증대, 재정부담 등을 거론했다. 일부에서는 무슬림 유입에 대한 반감을 드러내기도 했다.[5] 그러나 언론의 자극적인 보도와 각국 정부의 민감한 반응과 달리 아랍인들의 유럽 이주는 그 규모에 있어서 아랍의 봄 이전과 크게 달라지지 않았다.

그때나 지금이나 달라지지 않은 것은 또 있다. 바로 지중해 남쪽을 바라보는 유럽의 시선이다. "혁명은 훌륭합니다. 그러나 어떻게든 당신들이 있는 곳에 머무르시오. 왜냐하면 우리의 경제상황도 심각하답니다." 이것이 아랍인의 이주에 대한 유럽 국가들의 솔직한 심정이었다. 당시 이들에게는 혁명의 진원지였던 북아프리카에서 지중해 북단으로 난민이 몰려든다는 우려가 가장 큰 관심거리였을 것이다. 혁명 자체에 대해서는 아랍의 봄이 가져온 성과에 대해 최근 국제사회가 제시하는 냉정한 평가가 당시에도 이미 존재하고 있었다. 실제 아랍 세계나 세계 다른 지역에서 민주화가 역전되는 현상은 흔했고 1990년대부터 간헐적으로 이어져 온 작은 '아랍의 봄'들도 예외는 아니었다. 또한 지나친 변화를 받아들일 수 없는 유럽과 북미의 입장에서 혁명의 성공은 어떻게 해서라도 저지해야 하는 것이기도 했다.

'걸프전은 일어나지 않았다'는 프랑스 사회학자 장 보드리야르의 표현처럼, 아랍의 봄 훨씬 이전부터 유럽사회를 사로잡았던 무슬림의 '침략'은 일어나지 않았다. 대량 이주 현상은 시리아에 국한된 현상이었다. 석유 자원으로 인해 전통적으로 이주 노동자를 많이 받아들였던 리비아의 경우, 내전으로 80만 명에 이르는 이주민이 본국으로 귀환했다. 리비아인들은 대개 이웃 나라 튀니지로 피신했다가 대부분 다시 돌아왔다. 아랍의 봄을 겪은 북아프리카의 다른 국가들로부터는 혁명 초기 짧은 기간 일부 튀니지인의 유럽행을 제외하고는 의미 있는 '유럽 침공' 양상이 나타나지 않았다.

실상 큰 부하가 걸린 곳은 대다수의 난민이 이주한 북아프리카와 중동 내부였다. 사하라 이남 국가들 역시 자국민의 귀환으로 이러저러한 어려움을 겪었다. 극도로 빈곤한 본국의 가족은 송금이 끊겨 막막해졌고, 귀환한 이들도 귀환 과정부터 다시 정착하기까지 내전 못지않은 어려움을 겪었다. 귀환에 필요한 경비가 없거나 귀환 과정이 너무 위험한 이주민들은 리비아에 갇혀 내전의 위험을 감수해야 했다. 본국으로 귀환할 경우 생명이 위험해 전쟁터에 머물러 있어야 하는 경우도 있었다. 물론 세계는 난민으로 인해 유럽이 겪게 될 어려움에 몰두해 중동이나 아프리카 지역이 경험한 이러한 고통에 눈을 감았다.

방치된 지중해의 비극

유럽으로 가는 길이자 이주민의 무덤인 지중해에서, 아랍의 봄 이후 달라진 것은 아랍인의 유럽행이 아니었다. 전통적으로 지중해를 거치는 이주는 주로 일자리를 찾아 프랑스 등 유럽으로 떠나는 북아프리카인들의 몫이었다. 하지만 2000년대 이후, 특히 아랍의 봄 이후 해상을 통해 이탈리아 등 남유럽으로 오는 이주민 대부분은 지중해 연안 국가 출신이 아니었다. 이들은 말리, 기니, 에리트레아, 소말리아, 수단, 이라크, 파키스탄, 아프가니스탄 등지에서 온 사람들이었다. 그리고 이주 동기 역시 경제적인 것과 인도주의적인 것이 중첩된 경우가 많았다. 이게 지중해 남부의 북아프리카 국가들과 동부의 터키는 이주의 시발점이 아닌 사하라 이남, 중동, 아시아에서 시작된 이주의 중간기착지로서의 성격이 더 강해졌다.

변하지 않은 것이 있다면 지중해는 아랍의 봄 전후를 통틀어 세계에서 가장 인명피해가 큰 이주 경로라는 점이다. 해결은 요원하지만 원인은 찾을 수 있다. 지중해 남쪽과 북쪽 간의 경제적 격차가 낳은 이주의 수요라는 구조적인 요인도 있지만, 정치적인 요인도 크게 작용했다. 1995년 바르셀로나 협정을 시작으로 지중해 남북 국가 간의 협력이 추진됐고 이주 분야에서도 국가 간 공조체계가 시도됐지만 별 성과가 없었다. 2007년에는 프랑스 주도로 지중해연합Union for the Mediterranean이 결성됐지만, 이 역시 독일이나 유럽연합의 반대에 부딪혔다. 그러는 동안 스페인과 이탈리아가 국경통제를 강화했고 결과적으로 밀입국이 늘어나게 됐다. 밀입국 알선조직이

지중해 지역의 난민 루트

V 혁명 이후

번성해 이주 비용이나 해상 통제 비용은 늘었고 이주는 더 위험해졌다.

이렇게 된 배경에는 지중해를 공유의 바다가 아닌 남과 북의 경계로 바라보는 유럽인들의 시각이 있다. 경계를 넘는 이들을 막아내야 한다는 편집증이 정규 이민과 비정규 이민 간의 이분법을 기반으로 한 통계 위주의 이주 정책을 고수하게 했다. 지중해 차원의 협력에서도 유럽이 북아프리카 국가에 기대하는 것은 사하라 이남 지역에서 튀니지나 리비아를 거쳐 유럽으로 향하는 이주의 흐름을 막아주는 것이다. 지중해가 세계에서 가장 철저하게 무장된 시기, 해마다 2천 명가량의 익사자가 발생했다. 이는 통제 위주의 정책이 비인도주의적인 결과만을 초래할 뿐 아니라 지속가능하지도 않다는 것을 보여준다.

이주의 세계, 아랍

아랍 세계는 인근 유럽국가들이 펼친 강한 제국주의의 역사적 경험과 20세기 후반의 분쟁 등으로 많은 국제 이주민을 배출해온 지역이다. 동시에 걸프만 산유국이나 리비아, 요르단 등은 세계 어느 국가보다 이주민이나 난민을 많이 수용한 곳들이다. 이주를 많이 떠나면서 동시에 이주민을 많이 받아들이는 이 양면성은 세계 다른 지역에서는 찾아보기 힘든 중동 고유의 특징이다. 2,600만 명으로 추정되는 세계 난민 중 팔레스타인 난민이 5~6백만 명가량이다. 터키는 가장 많은 난민을 받았고, 레바논과 요르단은 인구 대비 난민 비율이 가장 높은 나라다. 이러한 점에서 중동은 난민 현상과 밀접히 연관된 지역이라 할 수 있다. 한편 아랍 세계를 구성하는 양 지역인 북아프리카와 중동은 상이한 이주의 양상을 보인다. 중동지역의 아랍국가 출신 이민자의 60%가 걸프만 산유국과 리비아로 향하며, 유럽으로 가는 비율은 20%도 채 되지 않는다. 반면 북아프리카의 아랍국가 출신 이주민은 대부분 유럽 국가로 향한다.

아랍의 봄이 이주에 미친 영향

아랍 세계가 이주의 땅이었던 것처럼 이주는 아랍의 봄의 일부이기도 했다. 내전 발발로 리비아를 떠나는 주민들을 태운 차량 행렬, 이집트나 튀니지의 보호소에서 본국 귀환을 기다리는 아프리카 출신 이주 노동자들, 튀니지나 사하라 이남 출신자들을 싣고 지중해를 건너는 보트, 시위에 동참하기 위해 카이로로 귀환하는 이집트 출신 이주민이나 유학생들의 모습은 혁명의 한 페이지를 장식했다.

이주가 혁명의 에피소드에 그친 것만은 아니었다. 청년들에게는 유럽으로의 이주를 꿈꾸는 것과 더 나은 사회를 꿈꾸는 것이 별개가 아니었다. 2000년대 전후 유럽으로 가는 길이 점점 좁아진 것은 청년들이 거리에 나서게 된 것과 무관하지 않다. 이주는 정치적인 저항의 대체재일 수는 있지만, 그것의 주된 원인인 해당 국가의 경제문제는 해결하지 못한다. 떠나는 이보다 더 많은 이들이 고용시장의 문을 두드리기 때문에 이주로 실업문제가 크게 완화되지 않는다. 송금 역시 해당 가족의 경제상황을 나아지게 할 수는 있지만, 국가 전체의 지속적인 발전을 보장해주지는 않는 것이다. 선진국에 이주민을 많이 보내 그들이 보내오는 송금으로 발전을 이룬 아랍

국가는 찾아보기 어렵다.[6]

　보다 직접적으로는 이주민과 그 후예들도 국외나 사이버공간에서 아랍의 봄에 참여했으며, 역으로 민중봉기의 주체들이 본국 안팎을 드나들며 혁명을 수행하기도 했다. 유럽에서의 정치적 경험을 본국 정치에 활용하면서, 유럽 대도시가 혁명의 배후지가 됐다. 혁명의 양상이 이주 현상을 낳기도 했다. 바레인, 이집트, 시리아와 같이 정권이 반발하거나 폭력적으로 대응할 때 국외로의 이주 현상이 나타났다. 역으로 혁명 초기 튀니지, 이집트, 리비아와 같이 기존 정권이 무너질 때 기대를 안고 본국으로 귀환하는 현상도 나타났다. 아랍의 봄은 아랍 세계의 전통적인 이주 경향에 변화를 가져오기도 했다. 앞서 언급한 대로 역외 이주는 혁명 초기의 튀니지나 내전을 겪은 시리아의 사례를 제외하면 이전의 흐름이 지속됐다. 반면 아랍 세계 내부에서는 시리아와 리비아 난민과 이 지역에 거주하던 이주민 대다수가 역내로 이주하면서 이들을 받아들인 지역이 새로운 상황을 맞이하게 된 것이다. 주민들의 겸이로운 연대의 모습과 함께 이주민에 대한 반감도 나타났다.

　아랍의 봄이 발생한 지 10여 년이 지난 지금, 상당수의 아랍 청년들은 여전히 이주를 생각한다. 저항의 경험과 정치적 불안정이 청년 세대의 이주 욕구를 부추기고 있다. 혁명의 가장 중요한 배경이었던 고용문제가 나아지지 않은 상황에서 이주에 대한 열망은 줄어들지 않았을 것이다. 게다가 아랍의 봄이 초래한 정치적 불안정과 치안 문제가 새로운 이주의 동인이 되고 있다. 그렇다고 유럽 등 선진국으로 가는 길이 더 넓어질 가능성은 보이지 않는다. 아랍인들은 이주할 곳으로 아랍 산유국보다 유럽을 훨씬 선호한다. 따라서 지중해 남에서 북으로의 이주의 흐름을 막는 것은 미련

실적이다. 코로나19로 유예된 이주 또는 강요된 귀환의 시간이 지난 후에는 지중해를 장벽이 아닌 공존의 바다로 바라보는 시각이 우세해져야 할 것이다.

2. 환상에서 벗어나는 튀니지 민주주의

1   https://upload.wikimedia.org/wikipedia/commons/b/bb/Portrait_Ka%C3%AFs
_Sa%C3%AFed.jpg

2   "Tunisie : Le mois de juillet a été riche en mouvements sociaux", Webmanagercenter,
2021.8.12. https://www.webmanagercenter.com/2021/08/12/471565/tunisie-le-mois
-de-juillet-a-ete-riche-en-mouvements-sociaux/, 2021.8.15. 검색.

3. 보나파르티즘으로 이행하는 튀니지 혁명

1   https://upload.wikimedia.org/wikipedia/commons/0/07/Pro_and_Anti_coup_
protests%2C_Tunis%2C_2021.png

2   Mehdi Laghrari, "Tunisie : le virage autoritaire de Kaïs Saïed, en sept étapes", Les
Echos, 2022.7.25. https://www.lesechos.fr/monde/afrique-moyen-orient/tunisie-
le-virage-autoritaire-de-kais-saied-en-sept-etapes-1778574, 2022.8.22. 검색

3   Domenico Losurdo, 2007, *Democratie ou bonapartisme*, Le temps des cerises.

4. 사회적 경제로 부활하는 아랍사회주의

1   '사회적경제' 대신에 '사회연대경제'라는 표현을 쓰는 것은 문자적으로는 경제활
동이 사회적 가치를 고려하는 측면과 함께 연대의 정신과 방식을 반영한다고 볼
수 있지만 자본주의 경제와의 차이를 강조하기 위한 것이기도 하다. 연대적 경제
의 핵심은 경제에 대한 새로운 관념에 있다. 경제가 단지 시장원리로 이루어진 것
이 아니라 재분배와 호혜성, 즉 비화폐적이고 수평적 관계를 포함하는 것임을 강
조하는 것이다. 시민이 생산, 분배, 유통의 일부분을 재전유하기 위한 시도라고
말할 수 있다. 공정무역, 지역순환경제 등이 이러한 연대적 경제의 정신을 담고있
는 대표적인 사례라고 할 수 있다(엄한진, 박준식, 안동규, 2011, 「대안운동으로
서의 사회적 경제: 프랑스 지역관리기업의 사례를 중심으로」, 『사회와 이론』 통
권 제18집).

2 https://upload.wikimedia.org/wikipedia/commons/b/b8/Assembl%C3%A9e_des_repr%C3%A9sentants_du_peuple_photo17_%D9%85%D8%AC%D9%84%D8%B3_%D9%86%D9%88%D8%A7%D8%A8_%D8%A7%D9%84%D8%B4%D8%B9%D8%A8.jpg

3 엄한진, 2014, 『이슬람주의』, 한국문화사.

4 Quentin Deforge, "Égypte et Tunisie: des révolutions paysannes?", *La vie des idées*, 2020.9.25. https://laviedesidees.fr/Habib-Ayeb-Ray-Bush-Food-insecurity-and-Revolution.html, 2020.10.19. 검색.

5 Malika Ahmed-Zaid, Touhami Abdelkhalek, Zied Ouelhazi, 2013, *L'économie sociale et solidaire au Maghreb: Quelles realités pour quel avenir?*, IPEMED.

6 "La MAE, première compagnie d'assurance en Tunisie à intégrer les valeurs de l'économie sociale et solidaire", 2020.10.15. https://www.ilboursa.com/marches/la-mae-premiere-compagnie-d%E2%80%98assurance-en-tunisie-a-integrer-les-valeurs-de-leconomie-sociale-et-solidaire_24623, 2020.10.19. 검색.

7 Habib Ayeb et Ray Bush, 2019, *Food insecurity and Revolution in the Middle East and North Africa*, Anthem Press.

5. '아랍의 봄' 이후의 이주

1 Yasmine Saih, "Migrants: L'Ocean Viking sauve plus de 120 personnes au large de la Libye", *Hespress*, 2021.1.21. https://fr.hespress.com/186051-migrants-locean-viking-sauve-plus-de-120-personnes-au-large-de-la-libye.html, 2021.2.16. 검색.

2 Louise-Maude Rioux Soucy, "«Méditerranée, cimetière des réfugiés»: le péril bleu", *Le Devoir*, 2021.2.13. https://www.ledevoir.com/culture/ecrans/595039/ecrans-mediterranee-cimetiere-des-refugies-le-peril-bleu, 2021.2.20. 검색.

3 https://upload.wikimedia.org/wikipedia/commons/c/c9/Refugees_on_a_boat_crossing_the_Mediterranean_sea%2C_heading_from_Turkish_coast_to_the_northeastern_Greek_island_of_Lesbos%2C_29_January_2016.jpg

4 "106 personnes secourues dans le troisième sauvetage en 48 heures de l'«Ocean Viking»", *20 minutes*, 2023.1.21. https://www.20minutes.fr/monde/2959919-20210123-106-personnes-secourues-troisieme-sauvetage-48-heures-ocean-viking, 2021.2.20. 검색.

5 엄한진, 2016, 「시리아 난민 사태로 본 국민국가 체제」, 『모심의 눈』, 모심과 살림 연구소.

6   Philippe Fargues & Christine Fandrich, 2012, *Migration after the Arab Spring*, European University Institute: Migration Policy Center Research Report 2012/09.

찾아보기

다르지
않은
<small>시선으로 보는</small>
<small>공동의 정치와 사회</small>
타 자

초판발행 2024년 3월 5일

저   자 엄한진
펴 낸 이 김성배
펴 낸 곳 도서출판 씨아이알

편집 신은미
인 송성용 엄해정
임 김문갑

제2-3285호
2001년 3월 19일
(04626) 서울특별시 중구 필동로8길 43(예장동 1-151)
02-2275-8603(대표)
2-2265-9394
w.circom.co.kr

11-6856-225-7 93300